Erwin Rossmann

STADT

Erwin Rossmann

Stadt

Novelle

Österreichische Literaturgesellschaft

Die Deutsche Nationalbibliothek verzeichnet diese Publikation in der Deutschen Nationalbibliografie; detaillierte bibliografische Daten sind im Internet über dnb.dnb.de abrufbar. Die Schweizerische Nationalbibliothek (SNB) verzeichnet aufgenommene Bücher unter Helveticat.ch und die Österreichische Nationalbibliothek (ÖNB) unter onb.ac.at.

Unsere Bücher werden in namhaften Bibliotheken aufgenommen, darunter an den Universitätsbibliotheken Harvard, Oxford und Princeton.

Erwin Rossmann:
Stadt
ISBN: 978-3-03886-081-5

Buchsatz: Danny Lee Lewis, Berlin: dannyleelewis@gmail.com

Österreichische Literaturgesellschaft ist ein Imprint der
Europäische Verlagsgesellschaften GmbH
Erscheinungsort: Zug

Sie finden uns im Internet unter: www.Literatur-Gesellschaft.at

Inhalt

Vorwort

ER LEBT IN EINER STADT WIE JEDER ANDEREN, sein Name tut nichts zur Sache – ist auch egal. Und der Name seiner Stadt bleibt ebenfalls ungenannt! Aber er ist Ende 30, stark übergewichtig, und sein Leben war meistens recht öde und langweilig. Ein ziemlicher Loser, der sich mit seiner kranken Mutter eine Wohnung teilt, aus der er meistens nur zur Arbeit überhaupt mal rauskommt. Bisher zumindest. Doch egal wie festgefahren eine Situation auch ist, man kann aufstehen und aus dem faden Alltagstrott ausbrechen! Dazulernen und wachsen! Und das egal, wie alt man ist und wo man herkommt.

Die folgenden Seiten strotzen nur so von »First World Problems« und wohl auch großer Dummheit. Aber ist nicht jeder Mensch auf seine Art dumm wie Stroh? Er ist nur ein einfacher Mensch, mag zwar in gewisser Weise »anders« sein als die meisten, aber gewiss nicht besonders oder außergewöhnlich. Begleiten wir ihn doch eine Weile auf seinem Weg, schauen wir ihn uns an und hören uns an, was er zu sagen hat. Dann können wir ihn einordnen und ein Urteil über ihn fällen. Uns eine Meinung bilden, ich würde fast sagen, »ihn kennenlernen«, aber wir wollen ehrlich sein, wir werden ihn ganz schnell wieder vergessen haben.

Das machen wir ja so gern.

Kapitel 1:
Der große Gefängnisausbruch

Mutter ist heute wieder besonders anstrengend! Ich hätte besser kontrollieren sollen, ob sie ihre Medikamente auch brav nimmt. Nun hat sie das Zeug wieder ein paar Tage nicht genommen und ist mal wieder psychotisch und aggressiv. Nicht, dass es mit dem (für sie neuen) Risperidon zusätzlich zum Leponex wirklich besser wäre, es ist nur anders, irgendwie. Normalerweise ist sie zwar verwirrt und auch zu nichts zu gebrauchen, aber zumindest ruhig und fast freundlich. In diesem Zustand ist sie jetzt eineinhalb Jahre, und keine Besserung ist in Sicht. Ich pflege sie (fast) allein, aber ich bin kein guter Pfleger.

Diesen Abend ist sie laut! Die Selbstgespräche sind fast wie ein Streitgespräch, nur dass das, was aus ihrem Mund kommt, zusammenhangloser Müll ist, der zu nichts führt. Ich sehe mal kurz rein zu ihr, ob sie ihr Abendessen angerührt hat: nein, natürlich nicht. Ausreichend Zigaretten vorhanden, ja? Ich will nämlich nicht, dass mir wieder ein Aschenbecher (oder so) entgegenfliegt! Irgendwie schaffe ich es, dass sie sich kurz beruhigt und eine Tablette nimmt.

Ich gehe in mein Zimmer und atme durch. Normalerweise würde ich einfach PC und Fernseher anmachen und entweder irgendwas spielen oder Videos ansehen, während der Fernseher im Hintergrund läuft und nicht beachtet wird. Heute würde das alles nicht helfen, Mutters Erzählungen an sich selbst würde ich trotzdem noch hören. Außerdem habe ich meine Stromrechnung bekommen und (wie jedes Mal) fühlte mich wie Hiob. Ich weiß zwar nicht, was das genau heißt, aber ich benutze die Redewendung gern, wenn eine hohe Rechnung aus dem Nichts kommt, blödes Netz NÖ.

Heute bleibt der Elektroschrott mal für eine kurze Weile aus. Ich ziehe schnell Schuhe und ein anderes T-Shirt an. Handy, Zigaretten, Geldbörse (ich weiß nicht, warum, ich werde sie nicht brauchen) und Schlüssel stecke ich ein. Die Hose hat vier Taschen, alles hat seinen fixen Platz. Ich checke noch mal, ob ich die Schlüssel eingesteckt habe, denn Mutter öffnet mir ja nicht, wenn ich läute, rufe oder an die Tür hämmere. Sie ist in ihrer eigenen Welt. So, habe ich alles? Ich checke es noch mal, schon bin ich im Stiegenhaus.
Unten angekommen, sehe ich durch die Glastür des Wohnhauses einen dunklen Schatten. Ich rufe ihn ins Haus, begleite ihn hoch in die Wohnung, streichle ihn dabei kurz und lasse ihn in mein Reich.
»Shirley hat genug Wasser und Futter«, denke ich, kehre dann um, und schon bin ich an der frischen Luft. Ich bin sie nicht gewohnt, huste kurz, aber heftig, und zünde mir sogleich eine Zigarette an. Ich stehe da, halte inne und frage mich nur eines: »Wohin?«

Nach kurzer Überlegung beschließe ich, in die Innenstadt zu gehen. Also dann, los gehts! Und schon bin ich aus der Wohnhausanlage draußen. Es ist fast ein Uhr nachts, trotzdem ist es nicht ruhig genug für meinen Geschmack. Gleich auf der anderen Straßenseite haben ein Mann und eine Frau (seine Frau?) einen heftigen Streit. Ich verstehe die Sprache nicht, aber es ist sicher wieder so ein typisch langweiliger Beziehungskram. So etwas kann mir nicht passieren!

Es geht mich nichts an, und es ist mir eigentlich egal, außer dass mir Stille momentan lieber wäre. Es ist schon vorbei, er dreht ihr den Rücken zu und geht in Richtung Einfahrt, sie bleibt weinend zurück. Wenige Minuten später gehe ich durch den leeren Bahnhof, die Innenstadt ist auf der anderen Seite. Das ist ein Genuss, denn tagsüber ist er oft so voll mit Leuten, dass es mir fast unangenehm ist durchzugehen. Aber nur fast, Menschen sind mir ja recht egal. Schon bin ich in der gerade ausgestorbenen Kremser Gasse. Die verändert sich gefühlt ständig, es kommen dauernd neue Shops, und andere verschwinden wieder, kein Wunder bei den horrenden Mieten in der »besten« Einkaufsstraße von NÖ.

»Runter bis zum Platz mit der Ohrenskulptur und dann über den Rathausplatz wieder zurück, schön langsam«, sage ich leise zu mir selbst. Wenn niemand um mich herum ist, spreche ich manchmal mit mir selbst, das macht nichts, denn ich weiß ja, dass ich verrückt bin. Gibt auch kein Gesetz, das dieses verbietet. Wo waren wir? Egal, ich bin schon auf dem Rathausplatz. In der Ferne sehe ich eine ältere Dame mit ihrem Hund, aber sonst ist es mir menschenleer genug.

Geld hätte ich mit, und das Cinema Paradiso hat noch offen, sehe ich, denn ein paar Leute sitzen an der Bar.

»Die werden auch bald mal Feierabend machen«, denke ich mir und gehe nicht rein, um Alkohol zu trinken, der mir ohnehin nicht schmeckt. Mein Kopf ist relativ leer, ich denke an nichts Konkretes. Ja, nicht mal an die Situation mit Mutter, denn an die bin ich mittlerweile gewöhnt. Mit leerem Kopf ist es leicht zu laufen, schon bin ich bei meinem ehemaligen Arbeitgeber. Ich bleibe kurz stehen, die Kündigung blitzt kurz in meinem Gedächtnis auf. Ich zucke mit den Schultern und gehe weiter. Links runter und über die Promenade wieder zum Bahnhof zurück. Der ist immer noch menschenleer, obwohl nach wie vor Züge fahren. Mit Verspätung zwar, aber doch, sie fahren noch!

Wenige Minuten später bin ich wieder in der Wohnung. Die Katze liegt vollgefressen auf meinem Bett und schenkt mir keine Beachtung. Mutter schläft, was ich besonders gut finde. Denn ich würde schon gern nachts auch mal die Augen schließen können, ohne dass sie Lärm macht. Es ist Viertel vor zwei. Um elf oder so sollte ich aufstehen, habe Spätschicht, und die beginnt um halb zwei.
»Scheiß drauf, an mit dem PC«, denke ich mir und setze es in die Tat um. Er startet schnell wegen neuer SSD und weil er »gut gepflegt« ist.

Natürlich läuft (leise) auch der Fernseher, DMAX. Ich schaue kurz, was läuft, und es sind diese Nackten im Dschungel. Alle paar Minuten unterbrochen von Werbung für Glücksspiel in Schleswig-Holstein und so Pornozeug im Internet. Sorry, es sind natürlich nur Seiten mit Mädchen, die »Camgirls« sind, aber für mich ist das Porno. Nicht, dass ich da grundsätzlich etwas dagegen hätte.

Jetzt habe ich es verschrien, die verpixelten Nackten (die nach einer Woche im Dschungel noch immer kein Feuer und anscheinend nichts zu beißen haben) machen Platz für unverpixelte Silikonbrüste, die mich und die anderen Nachtschwärmer anlocken wollen, mit mittlerweile schon 100 Freiminuten im Chat mit diesen armen Mädchen. Zum Glück machen mich Brüste nicht an, ich wende mich an meinen PC und starte aus Langeweile ein Skisprungspiel.

Da mache ich ein paar Sprünge und bin schon wieder gelangweilt. Wieder raus aus dem Spiel fühle ich plötzlich etwas Komisches in mir aufsteigen. Ich erstelle ein leeres Textdokument, und wie durch Zauberhand steht da plötzlich: »Die laue Nacht hält sie fest in ihren Klauen, die karge Stadt, nach ihr wollen wir schauen.« Ganz ehrlich – zuletzt habe ich in der Schule etwas Poetisches geschrieben, und ich bin sicher kein Goethe, aber ich finde den Satz gut! Inspiriert von meinem ungewöhnlichen Spaziergang, fliegen meine Finger noch ungewöhnlich schneller, und ohne langes Grübeln steht da dann plötzlich, nach nicht einmal 20 Minuten:

Die schlafende Stadt

Die laue Nacht hält sie fest in ihren Klauen,
die karge Stadt, nach ihr wollen wir schauen.
Kaum jemand ist mehr unterwegs zu dieser Zeit,
manchmal ein Auto, das noch laut aus seinem Auspuff schreit.

Manch dunkle Gestalt ist noch auf den Wegen,
zum Glück sind nur Wolken und diesmal kein Regen!
Mal wieder kein Mond und auch keine Sterne,
letztere scheinen im Smog eh nicht so gerne.

Es ist doch Sommer, wo sind die ganzen Leute?
Kurz nach zwölf, schläft sie wirklich, die Meute?
Schlafen sie doch alle schon in Ruhe und Stille,
taub ist die Nacht, ich höre nicht mal 'ne Grille.

Am Tag so geschäftig, in der Nacht ist sie tot,
eine Stadt ohne Leben, wie auf Autopilot.
Doch alles in allem ist es fast schon zu still,
sodass ich die Stadt fast aufwecken will!

Auf, auf ihr Massen, lasst uns doch toben und feiern,
waren die Lider der Augen wirklich schon bleiern?
Ich lass sie doch schlafen in den Betten so warm,
vielleicht kommt er auch früh ihr Aufweckalarm.

Eine Stadt ohne Menschen ist fast ohne Leben,
wie im Endzeitfilm, oder liege ich da daneben?
Doch weiß ich, am Morgen erwacht sie von ganz allein,
so lasse ich die Nacht doch ruhig und einsam sein.

Ich lese es noch mal durch, das Gedicht. Und noch mal und noch mal. Als eher perfektionistischer Mensch würde ich es gern 100-mal umschreiben und hier und da bessere Reime finden. Aber ist doch egal, wer wird es schon jemals lesen? Ich zucke mit den Schultern.

Endlich gehe ich mal zu Bett, und ausnahmsweise schlafe ich schon nach kurzer Zeit ein. Als dann der Wecker klingelt, bin ich irgendwie aufgeweckter und gelöster als sonst, kann es sein, dass mein Ausbrechen aus der täglichen Routine irgendetwas in Gang gesetzt hat? Kann es sein, dass sich eine positive Veränderung in meinem trostlosen, abgestumpften Leben anbahnt? Diese Hoffnung hatte ich schon oft, wenn ich mal etwas für mich Ungewöhnliches getan habe, doch bin ich immer wieder zurück in mein Loch gefallen.

Der Arbeitstag verfliegt, dann nur eine kurze Pause, denn am nächsten Tag ist Frühschicht angesagt! Das bedeutet wenig Schlaf und kaum Zeit für Gedanken. Eher Stress, möglichst bald ins Bett zu kommen, um wenigstens für vier Stunden die Augen zu schließen. Auch dieser müde Arbeitstag vergeht zum Glück schnell, denn am Freitag erwacht der Kaufrausch in den Menschen, und unser Supermarkt wird gestürmt. Und wie so oft denke ich mir: »Was machen die unter der Woche, fasten?« Aber okay, es ist, wie es ist. Dieser Untag war wenigstens für diese Woche der letzte Arbeitstag! Und jetzt steht mal ein langes Wochenende an, es ist sehr verdient.

Ich freue mich sehr, denn ich muss erst wieder am Dienstag meine leidige Lohnarbeit verrichten! Und wie es bei mir Routine ist, bin ich am Nachmittag pünktlich zu Hause, versorge kurz Mutter und die Katze und mache erst mal ein Nickerchen. Am liebsten würde ich bis zum nächsten Morgen durchschlafen, aber um 18 Uhr meldet sich das Handy mit lautem Geschrei. Jetzt ist es erst einmal auch für mich an der Zeit, selbst das zu tun, was ich vor ein paar Stunden noch (lautstark im Pausenraum) verdammt habe:

für das Wochenende einzukaufen. Ich werde mir kurz klar, was ich für Mutter und mich kochen möchte, und schon holpert mein Trolly das Stiegenhaus hinunter. Ich treu an seiner Seite. Es ist schon Abend, in der Wohnanlage ist trotzdem lautes Geschrei zu hören, Gelächter und ein Gequieke, wie es nur von einer Sorte besonders nervtötender Menschen kommen kann: Kindern. Die Kinder in der Wohnanlage sind besonders laut und schlimm. »Haben die keine Playstation?«, frage ich mich, als ich mich durch sie durchzwänge, sie stehen in der Einfahrt und unterhalten sich laut über Nichts.

Und das ist das Problem! Ich kann nicht mal ein schönes Nickerchen am Nachmittag machen – bei geöffnetem Fenster –, weil diese Rasselbande laut spielt und noch lauter plaudert und schreit. Deshalb bin ich eher grantig und stapfe rauchend an ihnen vorbei aus der Wohnanlage hinaus auf die Straße, der Kopf tut etwas weh.

Die Sonne im Rücken schleppe ich mich in Richtung Interspar. Es ist ja nicht weit. Etwa eine Zigarette weit weg. Der Einkauf ist schnell erledigt, ich kaufe fast immer die gleichen Dinge und weiß, wo die im Geschäft versteckt sind. Zu Hause angekommen, mache ich kurz eine Kaffeepause, bevor ich für Mutter und mich koche, es gibt nur Fisch und Reis dazu. Ich koche freitags gern Fisch – aus alter christlicher Tradition heraus –, gab es in meiner Kindheit immer am Freitag. Nur weil ich mich heute als Atheist sehe, heißt das nicht, dass ich alte Traditionen so leicht über den Haufen werfen kann.

Den restlichen Abend verbringe ich im Internet mit Spielen. Es gibt da ein Onlinespiel, das ich seit sechs Jahren täglich spiele. Mittlerweile spiele ich es nicht mehr um des Spielens willen, sondern fast nur noch, weil meine Spielkameraden aus »den Gilden« auch meine Freunde geworden sind. »Ich habe ja als alter Stubenhocker nicht viele Freunde, brauche auch nicht viele«, denke ich. Wenn ich außer meinen Arbeitskollegen gar niemand hätte, dann wäre es fast traurig. Jetzt hätte ich aber beinahe meine Genossen aus der Partei vergessen, die muss ich der Vollständigkeit halber natürlich auch erwähnen. Also alles in allem ist mein soziales Leben überschaubar.

Normalerweise treffe ich meine Genossen wenigstens einmal im Monat, um zu quatschen und kleinere Aktionen zu starten. Ich bin nur ein einfaches Parteimitglied, andere Leute in meiner Partei machen so viel, gute Dinge. Ich weiß nicht, wo die die Zeit dafür hernehmen! In der KPÖ bin ich nun schon einige Jahre. Nur ist gerade Sommerpause, und wir (meistens drei bis fünf Genoss:innen aus der Stadt und der Umgebung) treffen uns nicht mal, was schade ist.

Mittlerweile ist es weit nach Mitternacht. Ich liege im Bett, und der Fernseher läuft, irgendein Spielfilm. Wie so oft findet er keine Beachtung, ich bin ganz mit meinem Handy beschäftigt. Facebook und Instagram haben (wie jeden Tag) durchforstet zu werden nach Neuigkeiten aus »meiner« Welt. Da sind vor allem viele Sportler:innen oder Schauspieler:innen, deren Leben ich verfolge, während mein eigenes eher eintönig ist. »Ich folge eher weniger ›echten‹ Menschen, und da ich wenige Freunde habe, muss ich fast auf Stars ausweichen«, denke ich. Schon bin ich an einem meiner liebsten Tagesordnungspunkte angelangt, dem Anschauen der Storys auf Instagram. Da muss man schnell sein, die sind ja flüchtig und nach 24 Stunden wieder gelöscht. Man will doch nichts verpassen! Meistens ist es aber eh recht langweilig, das Zeug.

Schon komisch, was manchen wichtig genug ist, um es mit der Welt zu teilen. Ich für meinen Teil habe ganz selten das Bedürfnis, eine Story zu erstellen, aber das Zeug von anderen gucke ich schon!

Eine Sängerin (na ja, eher Schreierin), der ich folge – war sogar mal auf einem Konzert von ihr –, stellt frech die Frage, ob man eher auf Männer oder Frauen steht. Sie stellt auch »beides« zur Auswahl, ich denke, sie steht eben auf beides und hofft, unter ihren Fans sind auch einige bi. Den Gefallen kann ich ihr nicht erfüllen. Ohne nachzudenken, antworte ich total ehrlich (wie ich es viel zu oft bin):
»Wenn ich ehrlich bin, stehe ich weder auf Männer noch auf Frauen wirklich.«
Oh Mist, habe ich das jetzt wirklich so gesendet?

Egal, das ist eine international (halbwegs) erfolgreiche Sängerin und wird mich sicher nicht mal registrieren! Ein paar Babybäuche und Katzenvideos später fallen mir echt schon fast die Augen zu.
»Mist, die Katze ist noch draußen«, denke ich mir wie so oft und hole sie schnell rein. Im Sommer ist sie eher fast ein Wildtier und kommt meistens nur zum Fressen ins Haus. Nein, das ist gelogen, nachts schläft sie gern neben mir im Bett. Hinter meinem Wohnblock ist ein total verwildertes Grundstück, das ist der ideale Spielplatz für die Samtpfoten. Weit und breit keine Autos, ist ein sicherer Platz.

Die Katze frisst ein bisschen, trinkt sogar ein wenig Wasser, und schon liegen wir im Bett. Ich rauche noch eine, mache den Fernseher aus, drehe das Licht ab und werde schon abgeschmust. Irgendwie will Shirley genau dann Streicheleinheiten, wenn das Licht ausgeht und ich schlafen will. »Als einziges Tier im Haushalt fühlt sie sich auch manchmal einsam«, denke ich. Als gutes Herrchen befriedige ich ihr Verlangen ein paar Minuten lang, bis sie endlich zufrieden neben meinem Kopf liegt und sich selbst in den Schlaf schnurrt. Gut so.

Ich drehe mich auf den Rücken und mache die Augen zu. Leider ist das das Signal für die Katze, auf meinen Bauch zu klettern. Wie es dazu kam, dass sie das immer macht, weiß ich nicht mehr. Aber sie tut es, am Anfang konnte ich mit etwas mehr als vier Kilogramm auf dem Bauch nicht richtig einschlafen, aber man gewöhnt sich an so einiges mit der Zeit. Schon nach kurzer Zeit bin ich im Land der Träume. Wie so oft träume ich, dass ich mich in der Stadt verirre. Meistens ist es zwar »meine Stadt«, aber doch wieder nicht, es scheint meist eine dystopische Version aus der Zukunft zu sein.

Ich wache auf. Am liebsten würde ich mich umdrehen und weiterschlafen, aber die Katze miaut schon und will wohl wieder in ihr Revier zurück. Außerdem ist es bereits nach 14 Uhr. Wie gerädert quäle ich mich in die Küche, wo Kaffee wartet, den ich gestern gemacht habe. Rein in die Mikrowelle mit dem Gesöff, ich kippe es hinunter, als wäre es Schnaps und nehme mir noch eine zweite Tasse. Das Gemaunze hört sich schon echt flehend an, jetzt ist Shirley an der Reihe. Dann ziehe ich mich wieder ins Bett zurück und mache den Fernseher an. Auf DMAX sind die Opalschürfer aus Australien.

Jetzt wirds aber Zeit für die erste Zigarette des Tages. Die erste schmeckt immer besonders gut. Ich sehe eine am Hungertuch nagende alleinerziehende Mutter von vier Kindern, die einen Haufen Steine bearbeitet, putzt und schleift für den Verkauf an einen windigen Händler. Gelangweilt nehme ich mein Handy in die Hand und bin schon wieder tief in den sozialen Medien versunken.

Hey, cool! Die Sängerin hat die »besten« Antworten auf ihre Frage reingestellt. Ich traue meinen Augen nicht, meine ist dabei und sogar ein Kommentar:
»Na, dann musst du dich wenigstens nicht mit Beziehungen rumärgern!«, gratuliert sie mir und feiert mich. Ist das wirklich ein Grund zu feiern, wenn man mit Ende 30 auf über zehn Jahre als Single zurückschauen kann und weit und breit keine potenzielle Ehefrau – zum Familiegründen – in Sicht ist?

Nein, ich feiere mein Leben nicht! Es ist manchmal mühsam, wenn man ständig mit Sex und Beziehungen bombardiert wird, man sich selbst aber weder für Frauen noch Beziehungen interessiert. Das war schon immer so, ich habe mich allerdings, als ich jünger war, in so manches kurzes, aber heftiges Abenteuer gestürzt. Leider. Richtig Spaß hatte ich nie daran, erfüllend war es auch nicht. Aber wenigstens sterbe ich nicht als Jungfrau! Komisch ist, die Beziehungen waren meistens ziemlich okay, kein Grund, damit ganz aufzuhören. Aber ich habe irgendwie nicht das Verlangen nach Nähe und so. Und seit ich so um die 30 bin, habe ich auch die Kraft, der sozialen Norm zu widersprechen. Es fällt mir leicht, denn ich erkenne, ich habe die ganze Woche kein einziges Mal an Sex auch nur gedacht, und ich habe diese Woche viele Frauen gesehen. Ich finde Frauen schon echt toll und hübsch, aber wirklich sexy?

Nein, das wäre gelogen. Sexy schon auch, aber ich hatte bei keiner einzigen Begegnung mit Frauen – und da spreche ich fast ausschließlich von meinen Kundinnen – das dringende Bedürfnis, mit ihnen Sex zu haben. Normale Männer sollen das oft haben, das Gefühl, und sie denken generell oft an Sex. Ich verdamme das nicht, ich bin wohl kein normaler Mann, was das betrifft. Ich schluchze.

Mit solchen Gedanken im Kopf macht mir nicht mal das Rumlungern im Bett Spaß. Ich ziehe mich an und gehe spazieren. Die frische Luft hat mir schon einmal gutgetan diese Woche. Diesmal zieht es mich in einen Park. Es ist bald vier Uhr nachmittags, ich habe keinen Stress, und der Sparkassenpark ist gleich neben dem Interspar. Es ist auch nicht zu heiß, sonst wäre ich mit meinen Gedanken sicher in der kühlen Wohnung geblieben. Der Park ist fast menschenleer.

Ich setze mich auf eine einsame Parkbank und zünde mir eine Zigarette an. Natürlich habe ich schon auf dem Weg eine geraucht, aber was sollte ich sonst machen? Quälende Geister schwirren durch meinen Kopf, die Zigarette wird weniger und weniger.
»Schön ist es hier«, sage ich zu mir selbst, und schon habe ich das Handy in der Hand und mache ein Foto für Facebook. Normalerweise würde ich es auch auf Instagram posten, aber selbst dazu bin ich momentan echt zu deprimiert und auch zu faul, ehrlicherweise.

Wie lange habe ich schon nicht mehr auf einer Parkbank in diesem Park gesessen? Das muss mehr als fünf Jahre her sein, da ging ich hier oft durch mit dem Hund, den wir damals hatten. Ich schluchze mal wieder, denn wir mussten den Hund leider einschläfern lassen, sie hatte einen riesigen Tumor im Bauch, der zum Schluss schon durch die Haut kam. Ich schaudere, die Gedanken sind ja nicht gerade positiv. Kann ich an nichts Schöneres denken? Kurz blitzt eine weitere schreckliche Erinnerung an diesen Park auf, ich war so um die 18 und ging eines Nachts meines Weges, als ein komischer Typ aus einem Busch sprang, mich packte und mir etwas Spezielles antun wollte. Ich weiß noch, ich wollte nachts zum Bankomaten, warum, weiß ich nicht mehr, war im Nachhinein betrachtet eher eine extrem blöde Idee. Nachts allein, durch den unbeleuchteten Park. Ich konnte mich zwar befreien und weglaufen – mein Hintern hat es mir gedankt –, aber das war nicht das Schlimmste an der Sache! Als ich dann am nächsten Tag bei der Polizei war und Anzeige erstatten wollte, hat mich die zuständige Beamtin ausgelacht und verspottet. Und als ich dem Typen ein paar Monate noch mal über den Weg gelaufen bin, das war auch hart. Ich saß gerade in Herzogenburg am Bahnhof, er sieht mich, kommt her und fragt, »ob ich es mir mittlerweile überlegt« habe. So ein ekliger, widerlicher Kerl, echt.

Unschöne Gedanken, aber sie ändern meine Stimmung von »verwirrt und traurig« in eine »ärgerliche, die Welt hassende«. Gut, dann bin ich ja fast wieder der Alte. Auch aufmunternd sind ein paar Likes unter meinem Foto des grünen Wunders aus Bäumen und gepflegtem Rasen. Eine Zigarette noch, und dann gehe ich mal zu McDonald's, habe ich mir heute verdient. Aber so was von verdient!

So endet das Verweilen, und langsam stapfe ich mal wieder in Richtung Bahnhof. Doch da ist dieses Display, es zeigt an, wie viele Radfahrer vorbeigefahren sind. Das muss genauer untersucht werden. Ich warte, bis Leute vorbeiradeln, und ja, es funktioniert. Es kann echt unterscheiden zwischen Fußgängern und Radfahrern. Verwundert über die moderne Technik gehe ich etwas aufgemuntert weiter, hungrig und mit einem klaren Ziel, auf zum »Schachtelwirt«.

Nach kurzem Marsch mit inkludierter Zigarette betrete ich einen um diese Uhrzeit nicht gut besuchten Fast-Food-Tempel.
»Oh, es gibt ja gerade ein Gewinnspiel … «, denke ich mir und hole schon mein Handy raus, um in der App von McDonald's ein Spiel zu spielen. Es ruckelt, ist schlecht gemacht und spielt sich wie Super Mario, aber ich gewinne einen Rabatt: mittlere Pommes für 0,50 Euro! Schon stehe ich am Bestellcomputer, scanne meinen QR-Code aus der App ein und auch den des Gewinns, suche mir einen Burger aus, vergesse das Ketchup nicht und zahle mit Karte. Zum Trinken bestelle ich nichts, denn das ist das, was dem Fast-Food-Schuppen den Gewinn bringt. An den Burgern und den Pommes verdienen sie ja kaum etwas. Nach etwa zwei Minuten ist meine Bestellung schon fertig.

An leeren Plätzen mangelt es nicht, fast alle Gäste verstopfen den Gastgarten. Ich zwänge mich in einen Sitz im Lokal, viel Raum ist nicht zwischen Stuhl und angeschraubtem Tisch. Definitiv nicht für Leute mit Übergewicht gemacht. Was verwunderlich ist, sitze ich doch nicht gerade in einem Laden, der für seine schlank machenden Gerichte bekannt ist. Ich verschlinge meinen Burger und die Pommes, dann bekomme ich langsam echt Durst, riesigen Durst.

Nach kurzem Weg bin ich wieder in meiner Wohnung und nehme mir sogleich einen Energydrink aus dem Gemüsefach.
»Zum Glück habe ich alles, was ich brauche, bei der Kassa im Interspar könnte ich heute wieder mindestens zehn Minuten anstehen«, denke ich mir und setze mich auf meine Couch, nippe am Energydrink, und schon läuft wieder der Fernseher. Erfreut, dass auf DMAX eine alte Folge »Die Gebrauchtwagen-Profis« läuft, leere ich den letzten Rest des Getränks – das wie ausgepresste Gummibären schmeckt – in meine Kehle. Es hat meinen Durst nicht gut gestillt, merke ich.

Ich hole mein Handy zu mir, und während im Hintergrund Edd China gerade an der Aufhängung eines jungen Oldtimers arbeitet, checke ich Facebook und zähle unter meinem Parkfoto zehn Likes!

Zweistellig werden meine Likes selten, also freue ich mich ein wenig. Dann wische ich mich freudig durch die vielen Postings, bei manchen halte ich kurz inne und lese ein wenig, aber meistens wische ich gelangweilt weiter. Wenn man in so vielen Gruppen ist und so viel abonniert hat wie ich, dann kann man sich echt lange mit Facebook beschäftigen.
»Verdammt, ich habe meine Pillen vergessen!«, schießt es mir durch den Kopf und ich werfe mir eine meiner Pferdepillen ein. Ich nenne sie Pferdepillen, weil sie echt groß sind. Und obwohl sie starke Gewichtszunahme und anderes als Nebenwirkungen haben, nehme ich sie gern, denn jede Nebenwirkung ist besser als wieder Denkstörungen oder gar eine Psychose zu bekommen. Richtig »richtig« im Kopf war ich zwar wohl nie, aber nach schlimmen Psycho-

sen, eine, als ich etwa 25 war, und noch eine vor etwa acht Jahren, nehme ich das Zeug echt gern.

Es ordnet wirklich die Gedanken, früher ging es in meinem Kopf zu wie in einem Bienenstock. Da konnte ich mir alle paar Monate einen neuen Job suchen, denn ich konnte mich einfach auf nichts konzentrieren und war noch verschrobener, als ich es heutzutage bin. Heute bin ich ruhig und friedlich, fast brav. Früher hatte ich oft Blackouts und ohne wirklichen Anlass echt arge Wutausbrüche. Durch Neuroleptika gezähmt bin ich heute friedlich wie ein Lamm.

Na ja, dafür schaue ich aus wie ein Nilpferd. Egal, ich blicke auf die Wanduhr, und es ist noch lange nicht spät genug für das Abendessen. Ehrlich gesagt habe ich ein Hobby die vergangenen Wochen – wieder einmal – ordentlich schleifen lassen. Diesen Abend werde ich ein tolles Video für Youtube produzieren! Ich habe vor ein paar Tagen ein Spiel gekauft, und über das kann man schon ein Video machen, vielleicht sehen es sich ja wieder so um die 50 Leute an?

Manche meiner Videos erreichen wahre Massen an Menschen, aber das kann man nicht erzwingen, man kann nur jedes Mal sein Bestes geben. Schon ist der Fernseher stumm geschaltet, und ich mache mich an die Arbeit. Einleitung, kurze Spielszenen und Verabschiedung sind flott und routiniert gedreht, das Schneiden des Videos dauert viel länger. Nach etwa zwei Stunden Arbeit ist es fertig für Youtube.

Während das Video hochlädt, schreibe ich eine Videobeschreibung und mache, was man für ein Youtube-Video so tut. Als es dann veröffentlicht ist, muss es nur noch auf Facebook beworben werden, und wieder ist ein Kind geboren. Mal sehen, wie viele Leute eine interaktive Vampirgeschichte interessiert. Zufrieden drehe ich den Fernseher wieder laut. Es ist knapp nach acht, wird langsam Zeit, das Abendessen zu kochen. Ich öffne die Tür zu Mutters Zimmer und frage, ob Grammelknödel mit Pusztasalat heute genehm seien, als Antwort kommt irgendwas von einer Erni-Oma und dass der ehemalige Landeshauptmann gern Fahrrad führe (bin selbst schuld, was frage ich sie auch etwas). Ich nehme das mal als ein Ja, und schon stelle ich einen Topf mit Wasser auf.

Während es heiß wird, nehme ich mir einen Kaffee (der wievielte es heute schon ist, bleibt lieber ungezählt), rauche eine, und danach kann ich bereits die guten Knödel der Marke S-Budget ins Wasser gleiten lassen. Auf einem kleinen Regal neben meinem Bett liegt ein billiges Amazon-Tablet, also sage ich mit deutlicher Stimme:
»Alexa, einen Timer bitte, 20 Minuten!« Das Tablet bestätigt meinen Befehl wie ein gehorsamer Soldat, und schon sitze ich wieder auf dem Sofa und rauche erneut eine. So ein schöner Abend, alles läuft gut.

Die Knödel sind bald fertig, werden nur gepfeffert aus der Mühle und mit getrockneter Petersilie verziert, Mutter bekommt zwei und ein wenig Salat, ich genehmige mir ganze drei Knödel und einen Haufen Salat. Das schmutzige Teller räume ich nicht weg, ich lege mich ins Bett, und während im Fernseher – DMAX läuft noch immer – ein griechischer Schrotthändler seine Angestellten anschreit, surfe ich mit meinem Tablet auf Facebook und Youtube.

Ein paar Leute haben mein Video schon angeschaut, ich träume kurz davon, dass das Video viral geht, aber das wird wohl ein Wunschtraum bleiben.

Ich drehe mich auf die Seite, weg vom Fernseher. Das macht nichts, denn im Spiegel des Wandschranks kann ich ihn trotzdem beobachten, spiegelverkehrt zwar, aber das ist egal. Leider – oder zum Glück – nicke ich schon nach ein paar Minuten ein. Als ich wieder erwache, ist es knapp nach Mitternacht. Gut, denn um Mitternacht beginnt in meinem (fast) täglich gespielten Spiel ein neuer Tag. Ich spiele routiniert simultan auf zwei Servern, erlebe Abenteuer, lasse meine Tiere gegen andere kämpfen, greife Festungen von anderen Spielern an und was man sonst so in dem Spiel tut.

Nach etwa 80 Minuten habe ich alles erledigt, was einen halbwegs aktiven Spieler ausmacht. Nun ist es kurz nach halb zwei Uhr morgens, oder sagt man da noch nachts? Wieder schlafen gehen kommt nicht infrage, denn durch mein abendliches Nickerchen bin ich leider noch topfit. Ich drehe meinen Kopf kurz in Richtung Fernseher, schon wieder so eine Werbung mit – uninteressanten – nackten Frauen, es ist zum Kotzen, echt. Ich schüttle mit dem Kopf, seufze und mache den Fernseher aus. Der PC bleibt an, ich lasse ihn aber mal wieder allein in der Wohnung. Mutter schläft auch noch nicht, ich höre wie so oft nächtliche Selbstgespräche aus ihrem Zimmer, die Tür ist zu.

Das Wetter ist gut, das nutze ich doch gleich für mein neuestes – wiederentdecktes – Hobby. Wenn man Spazierengehen in absoluter Dunkelheit ein Hobby nennen kann. Heute ziehe ich sogar Laufschuhe an, ein paar Meter werde ich meinen Körper schon auf joggendes Tempo

beschleunigen können! Was man sich alles vornimmt, wenn man motiviert ist, es ist bewundernswert. Dabei habe ich seit mindestens 15 Jahren keinen Sport mehr gemacht, was man an meinem enormen Bauchumfang leicht ablesen kann.
Ich gehe im Kopf eine mögliche Route durch, die bin ich als junger Mann oft sogar komplett und ohne Pause durchgelaufen! Mein Mund formt sich zu einem Lächeln, wenn mich jetzt jemand sehen könnte, dann würde er meine Entschlossenheit sofort erkennen.

Die Katze nehme ich, wenn ich nach Hause komme, mit rein, jetzt ist mir nur meine Flucht wichtig. So empfinde ich das, das leichte Joggen und Spazieren – abwechselnd, mit deutlichem Überhang des Spazierens, wohl, wenn man meinen Fitnesszustand bedenkt – ist mein Entkommen aus dem Gefängnis, das ich mir in den vergangenen Jahren selbst gebaut habe. Na ja, Gefängnis ist ein zu hartes Wort, es ist mehr ein allzu gemütliches Nest gewesen, das ich mir gebaut habe, um ohne viel Aufregung in Ruhe existieren zu können.

Das war die Hauptsache, die schlichte Existenz. Weitermachen mit möglichst wenig Reibung. Nicht aufgeben, aber auch nichts erleben, möglichst nur Angenehmes tun. Ein Durchschlüpfen durch alles, was meinem Glück im Weg lag. Aber glücklich hat es mich nicht gemacht. So ehrlich muss man sein, ich schwebte zwischen Glück und Unglück in einem Weltraum aus angenehmer Gleichgültigkeit.

Wie jeder Vogel werde auch ich wohl irgendwann flügge, und schon ertappe ich mich in angenehmem Tempo, zielgerichtet in Richtung Traisen laufen. Es ist zwar nur ein

Tempo, in dem so mancher Senior geht, aber ich laufe. Die Häuser und Bäume fliegen im Schneckentempo an mir vorbei. In diesem Teil der Stadt war ich bestimmt mindestens fünf Jahre nicht mehr. Ich ging sonst nur gewohnte Wege, zur Arbeit oder zum Einkaufen, wie ich ehrlich zugeben muss. Ich habe kaum meine Heimatstadt erkundet, kenne sie nicht.

Und abends ausgehen, um z. B. etwas zu trinken, das habe ich auch ewig nicht mehr gemacht, fällt mir ein. Aber das ist etwas für einen anderen Tag! Mittlerweile kann ich nicht mehr laufen, die Beine sind zu schwer, in schlenderndem Schritt bin ich fast schon an der Traisen.
»Oh, so sieht also die neue Brücke aus, die lustigerweise sehr schlecht an das Straßennetz angeschlossen zu sein scheint«, denke ich mir im Vorübergehen. Links von der Brücke ist immer noch ein Pass. Ja, das ist das richtige Wort, denn ich muss den steilen Hochwasserschutz überwinden, einen echt hohen Deich.

Wenn der Hochwasserschutz nicht wäre, die Stadt wäre alle paar Jahre überschwemmt. Schon im Kaiserreich wurde begonnen, das »Biest« von Fluss zu begradigen, in ein tiefes Bett zu zwingen, und man hat auch Deiche gebaut, falls das nicht ausreicht. Und ich habe schon erlebt, dass uns die Deiche auf beiden Seiten der Traisen den Hintern gerettet haben oder zumindest die Trockenheit unserer Keller. Schon bin ich am Fluss. Ich bleibe kurz stehen und höre ihm zu, wie er plätschert, und auch Grillen kann ich hören, es ist schön.

In der Innenstadt ist es dagegen wie in einem Grab. Am Fluss herrscht noch wilde, schöne Natur. Na ja, so viel Natur, wie es eben in einer mittelgroßen Stadt geben

kann. Ich zähle Menschen nicht zur Natur, mir fällt auf, dass ich außer vereinzelten Autos keine Menschen mehr auf dem Weg hierher gesehen habe.
»Dann scheint mein Gedicht, das ich kürzlich geschrieben habe, echt wahr zu sein«, denke ich mir und jogge wieder ein paar Meter flussaufwärts in Richtung des Regierungsviertels.
»Wie viele Meter ich wohl schaffe, bis mir wieder die Puste ausgeht?«, stöhne ich, während der Schweiß rinnt. Beim Regierungsviertel angekommen, den ganzen Weg konnte ich nicht laufen, setze ich mich an den Rand des Teiches, der sich genau unterhalb des Landtages befindet.
»Er steht auf Säulen ruhend da, ist nicht das monumentalste Gebäude, aber schon einer Landeshauptstadt würdig«, denke ich. Ich zünde mir eine Zigarette an, die erst zweite seit meinem Ausbruch von zu Hause, sehr brav.

Schöne Gedanken schwirren wie ein Mückenschwarm durch meinen Kopf. Zufrieden sitze ich da und rauche, höre dem Fluss und der Natur zu. Ich bin zufrieden – außer Atem zwar –, aber echt zufrieden. Es ist so ruhig, menschenleer und friedlich. Über mir vereinzelte Wolken, eine verdeckt den Mond, aber ein paar Sterne glitzern. Es sind hier mehr als direkt in der Stadt, wo ich lebe, zu sehen. Die Dunstglocke der Stadt reicht zum Glück anscheinend nicht bis zur Traisen.
»Ist das Leben nicht schön, besser kann es nicht mehr werden«, sage ich zu mir selbst, und mir kommt ein weiterer, wohl kluger Satz raus, diesen murmle ich leise in die Nacht hinein:

»Wo keine Menschen sind, ist es echt friedlich!

KAPITEL 2:

Neue Wahrheiten, alte Seele

WÄRE ICH EIN PAAR STUNDEN FRÜHER AUFGEBROCHEN, EIN PAAR NACHTSCHWÄRMER HÄTTE ICH SCHON NOCH VORBEIRADELN GESEHEN, aber es ist schon fast drei, ich bin ganz allein unter den Sternen. Nach einer weiteren Zigarette gehe ich meinen Weg weiter, und mir kommt etwas Verrücktes in den Sinn:
»Was ist, wenn ich mal andere Straßen und Wege gehe, die ich noch nie gegangen bin?« Gesagt, getan, ich werfe meine geplante Route über den Haufen, und schon gehe ich die Stiegen beim Landhaus hinauf. Warum bin ich »damals« nie runter an den Fluss gegangen?

Ich schaue kurz, was aus dem Geschäft geworden ist, in dem ich bis vor etwa 25 Jahren Lehrling war. Aus der Bäckerei ist ein Büro geworden, irgendetwas mit Abfallwirtschaft. Damals, zu meiner Zeit, war das Regierungsviertel relativ neu, es wurde versucht, Betriebe anzusiedeln. Das ging aber gehörig schief, denn den Einheimischen ist das Viertel entweder total egal oder sogar ein Dorn im Auge. Es ist ja auch ein typischer ÖVP-Prachtbau mitten in einer Arbeiterstadt, das wollten viele »hier« nicht gebaut wissen.

Viel hat sich in den langen Jahren nicht verändert, außer dass in den ehemaligen Geschäften nun Büros von Landesbetrieben sind, die Mieten sind sicher noch so horrend wie früher. Kein gewinnorientierter Betrieb kann sich so etwas leisten, da man außer ein paar Landesbeamten keine Kunden zu erwarten hat. Ich schaue kurz, ob der Klangturm noch steht, ja, er steht noch immer so sinnlos da wie früher. Okay, das war ein Scherz, denn den sieht man leider auch noch aus großer Entfernung dort stehen. Aber die etwa 20 Meter hohe »Kunstinstallation« an der Fassade ist neu!

Es soll irgendetwas, das mit der EU zusammenhängt, darstellen, aber den genauen Sinn dieser Kunst wage ich nicht zu erraten. Weiter führt mich mein Weg zwischen Landesbibliothek und Landesarchiv hindurch in Richtung Festspielhaus. Links davon ist das Landesmuseum. Auf dem Platz ist eine große hässliche Baustelle, wie so oft. Ich spaziere vorbei in Richtung Niederösterreichring. Der Name ist irreführend, denn er ist nur eine krumme Bundesstraße. Mit einem kurzen Blick auf ein Landesmonument, es symbolisiert die Bezirke des Landes, lasse ich das Landhausviertel hinter mir. Ich entschuldige mich für die oftmalige Verwendung des Wortes »Landes«, und schon stehe ich an einer Kreuzung und weiß nicht mehr, wohin. Ich habe keine Ahnung, wo ich hinkomme, wenn ich geradeaus weitergehe oder links abbiege. Ich könnte schummeln und kurz Google-Maps anmachen, aber ich wollte ja neue Wege beschreiten! Also gehe ich nach links weiter, den Schulring entlang.

Nach ein paar Hundert Metern weiß ich (leider) schon wieder, wo ich bin, in der Nähe meiner ehemaligen Hauptschule, die ist auch schon gute 25 Jahre her, wie ich kurz nachrechne. Zeit, sie mal zu besuchen! An der Fassade prangt ein Schild »neue Mittelschule«, und es scheint die »Idiotenhauptschule« – wie wir sie damals liebevoll nannten – nicht mehr zu geben. Die sogenannte Regelhauptschule war etwas für schlechte Schüler, nicht so eine gute Schule wie meine schöne Schwerpunkthauptschule. Mein Bruder ging auf diese Idiotenschule, diese war im ersten Stock. Meine war im Erdgeschoß, der Direktor war derselbe, da wurde anscheinend schon gespart.

Warum es in einem Gebäude vier verschiedene Schulen geben muss, weiß ich nicht, vielleicht weil dann die Stadt sagen kann, es gibt genug Schulen in der Stadt? Es ist mir egal. Ärgerlich schaue ich auf die kleinen Stufen, die zum Gehsteig hinunterführen, einmal im Winter bin ich ausgerutscht und mit dem Hinterkopf aufgeschlagen, war sogar bewusstlos. Von damals habe ich noch immer eine kleine Delle am Kopf! Ich pisse kurz in einen Busch und lenke meine Schritte in Richtung Innenstadt. Der Dom baut sich vor mir auf.

Schon schlängle ich mich weiter in seine Richtung, durch schmale und menschenleere Gassen. Am Domplatz angekommen, kommt mir diese »Kathedrale« plötzlich winzig vor. Ich bleibe kurz stehen und genieße den Anblick des unscheinbarsten Doms des Landes. Von außen ist er wirklich nicht spektakulär, aber innen ist er voll mit Blattgold und sehr schön. Als ich noch zur Schule ging, war ich einmal pro Schuljahr drin zur Beichte, die war lustigerweise verpflichtend. Ich habe schon damals nicht an Sünden geglaubt.

Lange halte ich mich nicht am Domplatz auf, er ist genauso unspektakulär wie der Dom, ist eher nur ein Parkplatz. Durch eine kurze, mir unbekannte Gasse gelange ich wieder auf gewohnte Pfade. Ich bin erneut in der Kremser Gasse und werde bald zu Hause sein. Langsam werde ich müde, kein Wunder um diese Uhrzeit. An meinem Wohnblock angekommen, rufe ich frech die Katze. Hoffentlich hört mich die fiese Nachbarin nicht. Ich höre in der Ferne ein »Miau« und dann ein Rascheln, das immer näher kommt. Schon hüpft die Katze auf die Mauer, und nach einem »Plumps« trottet sie schon hinter mir her in Richtung Haustür.

Kurz danach sind wir in der Wohnung, und der PC wird abgedreht, der Fernseher dafür aufgedreht. Ich nehme eine Schlafpille, und so endet der Samstag. Okay, es ist eigentlich schon Sonntagfrüh, aber das macht ja nichts. Nach kurzem gelangweilten Fernsehen sind die Katze und ich schon im Land der Träume. Auch Mutter schläft anscheinend endlich, was echt gut ist.

Da mein Tagesrhythmus eh schon extrem aus dem Ruder ist, macht es nichts, erst gegen 17 Uhr aufzustehen. Zumindest finde ich das. Ich hole mir mal wieder Kaffee von gestern, um meine Pillen, die ich morgens nach dem Aufstehen nehmen soll, runterzuspülen. Ich mache nichts falsch, laut Arzt »nach dem Aufstehen«, und ich stehe ja auf, am frühen Abend. Na ja, eher liege ich weiter im Bett und schaue mir Fußball an: ORF Sport+. Das Sonntagsspiel der 2. Liga zwischen einem Dorf und – immerhin – einer kleinen Stadt, ausgetragen auf einem Minisportplatz. Fußball ist immer schön!

In Deutschland braucht man ab der 3. Liga (und das ist eine Profiliga) ein Stadion mit 10.000 Plätzen und so. In Österreich reicht in der 2. Liga ein Sportplatz mit einer kleinen Tribüne. Profis sind da auch kaum welche am Platz, zumindest in diesem »Spitzenspiel« nicht. Und dann maulen die Leute oft, der österreichische Fußball ist so schlecht, wobei er doch – wenn man ehrlich ist – zumindest mittelmäßig ist. Aber schlecht besucht, die Leute gehen nicht mehr ins Stadion. Und die Jungen spielen lieber FIFA, als selbst zu kicken, ich könnte endlos weiter »sudern«, aber lieber zurück zu mir: Wenn man mich ansieht, denkt man zwar, ich hätte nie gekickt, aber als Kind haben mein kleiner Bruder und ich fast täglich im großen Garten so etwas wie Fußball gespielt. Einer gegen einen. Und manchmal mit Cousin und Cousine zu viert. Bei meinem Bewegungstalent hätte mich kein Verein genommen, aber ich habe gern (hobbymäßig) Tennis gespielt, bis ins Teenageralter hinein. War zwar mehr ein Hin und Her mit dem Ball unter Freunden, aber immerhin!
Okay, meistens habe ich mit mir selbst gespielt, ich gegen die Hauswand. Aber manchmal hatte ich schon auch Mitspielende.

So liege und denke ich an Sport und dass ich früher sogar regelmäßig Radfahren und Joggen gegangen bin. War trotzdem immer (zumindest) mollig. Mittlerweile habe ich nicht mal mehr ein Fahrrad, weil das, das ich zuletzt hatte, mein Gewicht nicht mehr getragen hat. Und als starker Raucher habe ich nicht genug Luft, um wirklich mal länger zu joggen, und das Gewicht ist auch hier zu hoch. Hoffentlich halte ich das mit dem Spazierengehen längerfristig durch. Es wäre der Anfang zu einem aktiveren Leben!

Bevor mir wieder die Augen zufallen, schießt die kleine Stadt ein Tor. Es ist das einzige an diesem Fußballabend. Ich wechsle zum »richtigen« ORF wegen Sport am Sonntag. Ich schaue keine fünf Minuten, da fällt mir ein, ich sollte mich ums Essen kümmern. In unserer Familie gibt es »nur« ein Abendessen. Mittagessen oder Frühstück verschlafe ich echt zu oft. Okay, wenn ich zu Mittag aufstehe für die Nachmittagsschicht im Supermarkt, esse ich ein Stück Kuchen oder ein Brot. Aber Mittagessen gekocht habe ich noch nie. Eine warme Mahlzeit pro Tag reicht doch locker!

Also stapfe ich in die Küche. Ich koche heute Steak mit Kartoffeln. Was übrigens ein sehr männliches Gericht ist! Ich mariniere die Kartoffeln, und dann kommen sie ins Rohr. Ungeschält, man will ja die guten Inhaltsstoffe behalten. Das klingt jetzt ein wenig grauslich, aber die schmecken echt gut! Ich wasche die Erdäpfel und schneide sie, dann kommen sie kurz in eine Schüssel mit kaltem Wasser. Somit tritt nämlich die Stärke aus, und sie werden sogar ein wenig knusprig und nicht zu weich. Währenddessen ist die Marinade angerührt, sehr dick, viel Öl. Kartoffeln dazu und umrühren, stehen lassen, nicht allzu lange, weil die Kartoffeln sonst zu viel Wasser verlieren, aber lange genug, um gut zu schmecken. Natürlich sind die Fertigsteaks schon lange aus dem Kühlschrank, denn direkt aus dem Kühlschrank in die Pfanne wäre ein Verbrechen, die sollen ein wenig Zimmertemperatur annehmen.

Ich bin schon wieder in meinem Zimmer und rauche eine zur Belohnung, mache Pause von der fleißigen Küchenarbeit. Und eile sogleich zurück in die Küche für noch einen Kaffee. Diesmal ist er sogar frisch gebrüht, was in meinem Haushalt selten ist. Nach einer gefühlten Ewigkeit quäle ich mich wieder in die Küche zurück.

Irgendwann, es ist schon nach halb neun Uhr abends, ist das gute Essen dann auch endlich fertig. Ich bringe Mutter ihren Teller, wie immer sei ihr die Portion zu groß, mault sie anscheinend. Mir ist allerdings sehr wichtig, dass sie genug isst, am besten mehr als genug. Denn sie schaut mittlerweile schon so ausgemergelt aus, dass man sich Sorgen machen muss. Ein paar Kilo mehr könnten also nicht schaden. Ich koche immer sehr kalorienreich, dafür halt nur einmal am Tag. Mutter isst an ihrem Couchtisch, ich in meinem Zimmer. Wirklich zusammen gegessen wird nur an Weihnachten.

Ich esse an demselben Couchtisch, habe ihn zweimal. Bei mir läuft natürlich der Fernseher, ein alter Tatort auf ORF 2. Ich habe nicht einmal mitbekommen, in welcher Stadt der spielt, und kenne die Schauspieler auch nicht. Aber der Krimi erfüllt seinen Zweck, der Berieselung während des Essens. Mutters Fernseher ist aus, den hat sie, seit es ihr schlechter geht, nicht mehr benutzt. Ich glaube, sie kann einfach dem Programm nicht mehr richtig folgen, wäre dann schnell überfordert und überreizt. Dabei habe ich ihr einen coolen Plasmafernseher gekauft! Ist schade um ihn, setzt Staub an.

Ich sollte vielleicht erwähnen, dass nicht nur die Couchtische in beiden Schlafzimmern gleich sind. Auch die Schlafzimmereinrichtung und die Wohnwand, in der die zwei Fernseher stehen, sind gleich. Der Verkäufer damals bei XXXLutz hat mir ohne mit der Wimper zu zucken zweimal dieselbe Einrichtung verkauft. War total glücklich, eine ganze Wohnung neu einzurichten, hat ihm Spaß gemacht. Das einzige Möbelstück aus dem alten Haus ist mein Computertisch, so einen praktischen habe ich »neu« nicht mehr gefunden, macht ja nichts, eine Erinnerung an frühere Zeiten.

Nein, Mengenrabatt habe ich keinen bekommen. Aber alles in allem habe ich für die Einrichtung der kompletten Wohnung nicht einmal 4000 Euro bezahlt. Ich finde, das habe ich gut gemacht. Für das Haus, in dem ich aufgewachsen bin, haben wir leider nicht mehr viel bekommen. Das war ein Nachkriegsbau, nach dem Ersten Weltkrieg. Und total abgewohnt und kaputt, vielleicht erzähle ich die Geschichte, wie wir es losgeworden sind, später. Ist jetzt nicht an der Zeit dafür. Jetzt ist Essenszeit, das Mahl ist schnell verschlungen, das Geschirr wird mal wieder nicht weggeräumt, und während der Fernseher seinen Dienst tut, wird der PC angemacht.

Schon bin ich wieder versunken, doch leider hängt sich irgendwann ein Programm auf, und ich muss es »zwangsbeenden« mit dem Taskmanager. Und da springt etwas ins Auge, das kann so nicht bleiben! Beim Reiter »Leistung« steht beim Speicher eine »falsche« Geschwindigkeit, die sollte viel höher sein. Und schon glüht Google und ein Windows Forum, und wieder finde ich keine Lösung für mein Problem. Ich bin immerhin so geistesgegenwärtig, »mein« Onlinerollenspiel (wie fast jeden Tag) brav zu spielen, doch Mist: Der Speicher lässt sich nicht auf die versprochene (und bisher immer brav eingehaltene) Geschwindigkeit einstellen. Und dann schaue ich auf die Uhr, und aus zehn Uhr abends ist ziemlich schnell fast vier Uhr morgens geworden. Die Katze will raus, soll sie doch. Bin ohnehin viel zu aufgewühlt, um schlafen zu gehen! Will ja auch nicht ins Bett, solange Shirley noch draußen ist, habe sie schon lieber nachts im Haus, auch wenn es Sommer ist und sie das oft anders sieht. So sitze ich da, schaue auf den Bildschirm meines PC, der tut nichts im Moment, rauche noch eine und noch eine und muss wohl auf später warten. Vielleicht hat ein Profi aus dem Windows Forum eine Idee für meinen armen, zu lahmen Speicher!

Ich habe zig mal neu gestartet und Dinge eingestellt, nichts hilft!
»Ich brauche mal Urlaub!«, denke ich mir, und plötzlich schießt mir irgendwie eine Energie ein. Ob diese positiv oder negativ zu bewerten ist, wer weiß. Schnell das Schreibprogramm auf, mir fallen schon wieder Sätze ein, die sich reimen. Gute Sätze! Für den Rest des Gedichts schummle ich zwar ein wenig (mit einem Onlinereimlexikon), lange dauert es nicht, und »Literatur« ist geboren:

Die holprige Reise

Die Welt erscheint mir heute grau,
in Regenwolken reingepellt.
Wenn ich nur nach oben schau,
kein Sonnenstrahl das Land erhellt.

Die Tropfen fallen in langen Strahlen,
zerplatzen auf heißem Asphalt.
Des trockenen Sommers Hitzequalen,
lindern sie – endlich – ohne Unterhalt.

Die Luft riecht frisch wie an der See,
dabei weiß ich gar nicht, wie die riecht!

Sie lindert doch mein Fernweh,
an dem ich lange schon dahingesiecht.

Ich kenne diese Erde nicht,
kam kaum raus aus meiner Stadt.
Es wird ein kurz und knapp Bericht,
was mein Ich schon gesehen hat.

Doch ziehts mich fort auf eine Reise?
Weiß doch kaum mehr, wie das ist!
Ich murmle zu mir selber leise,
»und wenn du dafür gar nichts bist?«

Im Fernsehen, all die fremden Länder,
die Wunder einer fremden Welt.
Fremd sind manch Gesichter und Gewänder,
doch zum selber sehen, fehlte stets nur Geld.

Und Zeit, und auch der werte Mut!
Wenn ich nur an ein Flugzeug denke,
tuts meinem Magen schon nicht gut.
Ich setze mich lieber auf eines Zuges Bänke.

Der hebt nicht ab, das muss nicht sein,
so weit muss ich ja gar nicht fort.
Bekomme wenig mit, schlafe zügig ein,
verpasse dann oft den Ausstiegsort.

In 20 Minuten bin ich schon weit weg,
in der lebenswertesten Stadt auf Erden.
Was mich wundert bei all dem Dreck,
und den Menschen, die schnell grantig werden.

Einmal fuhr ich westwärts durch Tirol,
wachte irgendwo bei Innsbruck auf.

So hohe Berge, ich hatte die Hosen voll,
und da klettern manche einfach rauf?

Das Ziel war Dornbirn, ich stieg aus.
Verstand schon die Begrüßung nicht,
aus meinem Mund kam Blödsinn raus,
fast so blöd wie mein Gesicht.

Man kann zur Not auch Hochdeutsch reden,
dann geht es, ja, dann geht es gut.
Plötzlich versteht man alle und jeden,
was so eine Sprache nun mal tut.

Wo waren wir? Steh noch immer im Regen,
bin nass bis auf die Knochen.
Die Gedanken waren mir kein Segen,
die Dusche wird schnell abgebrochen.

Ich geh nach Hause, zieh mich um,
und jetzt kommt schon die Sonne raus.
Die Schultern zucken, sei es drum,
am schönsten ist es eh zu Haus'.

Ich spar mein Geld, geizig wie ich bin,
bleibe da, und nur die Gedanken reisen.
Wo muss ich denn so dringend hin?
Ich muss auch niemand was beweisen!

Österreich ist doch fast groß genug,
und das kenne ich gut aus meiner Jugend.
Macht die weite Welt denn klug?
Ich denke nicht, bringt keine Tugend.

Wenn mir das Reisen liegen täte,
was hätte ich alles schon gesehen.

Doch Schiffe und so Fluggeräte,
lasse ich an mir vorübergehen.

Das Fernweh bleibt, mit saurem Geschmack,
doch halte ich es schon noch aus.
Ich geh mir selber auf den Sack,
träume mich wohl weiter in die Welt hinaus.

Und nun ist es auch schon fast sechs in der Früh! Egal, oder? Jedenfalls ist das Gedicht viel zu lang, aber es ist relativ »wahr«, denn wirklich im Urlaub war ich noch nie. Als ich ein Kind war, hatte mein Vater einen Würstelstand, der kaum etwas abwarf, es war nie Geld da für Urlaub (und von ihm aus auch keine Zeit). Und als ich dann alt genug war, bin ich im dritten Lehrjahr schon ausgezogen, mit 18, war von meiner Seite auch nie das dringende Bedürfnis da, Hunderte Euros rauszuwerfen, nur um für ein paar Tage »irgendwo zu sein«.
Klar, ich hatte mal eine Freundin in Vorarlberg, das war mehr Arbeit als Urlaub. Und die eine Landschulwoche in Kärnten, in der vierten Klasse Hauptschule, zähle ich nicht mit. Ich zähle auch nicht mit, als ich vor ein paar Jahren (mit der noch halbwegs fitten Mutter) einen Tag nach Bratislava gefahren bin, mit einem flotten Schiff. Das ist alles kein Urlaub! Urlaub ist, Monatsgehälter zu verschleudern, nur um nach einem stressigen Flug in einem überfüllten Hotel an einem dreckigen, ebenfalls überfüllten Strand Zeit zu verbringen. Zumindest höre ich solche Berichte ständig. Oder so ähnliche, da bleibe ich echt zu Hause auf »Balkonien«. Dabei habe ich eh keinen Balkon.

Also meinem Gedicht gebe ich einen Dreier, besser finde ich es echt nicht. Aber für mein zweites Gedicht seit meiner Jugend ist es sicher nicht schlecht. Ich finde es zu erzählerisch, aber was weiß ich schon über Gedichte, in den vergangenen zwei Jahrzehnten habe ich vielleicht eine Handvoll Gedichte gelesen, alle von Georg Trakl. Also keinen Sinn ergebendes, wahrscheinlich im Kokainrausch dahingeschmiertes Zeug, über seine kleine Schwester, in die er verliebt war, so was halt.

Ich lese nicht gern, Schreiben läge mir schon eher. Aber dann wirklich schreiben, das geht meistens nicht wegen immenser Faulheit und bisher zu viel Perfektionismus. Die zwei Gedichte in den vergangenen Tagen könnten natürlich ein Ausreißer sein, aber ich glaube viel lieber, ich hätte seit Jahrzehnten eine Schreibblockade gehabt und endlich überwunden. Kein Wunder, denn als ich mal echt kreativ war, flog ich für meine Texte von der Schule, zu Recht?

Ich hätte einfach nicht negativ und respektlos über die Schule »dichten« sollen und das dann an der Pinnwand aufhängen. Okay, vielleicht wurde auch überreagiert, aber eigentlich kam mir der Rauswurf gerade recht. In diese (extrem schwere und anspruchsvolle) Tourismusschule ging ich ohnehin sehr ungern. Nur, um dann ein »studierter« Koch und Kellner zu sein, weil mein Vater das in seiner Jugend nicht werden konnte und er dann Fleischhauer lernen musste. Damals kochte ich noch sehr ungern. Unter Zeitdruck kochen, das lag mir dann leider absolut gar nicht.

Und beim Kellnern war ich auch sehr ungeschickt. Und so viele Fächer und so viel zu lernen, ich war als »depperter« Hauptschüler plötzlich in einer höheren Schule. Wäre ich bloß vorher auf ein Gymnasium gegangen, vielleicht wäre ich dann geübter gewesen, viel zu lernen und so. Aber auf ein »Gym« durfte ich ja auch nicht, auch vom Vater aus, denn da lernt man nichts »fürs Leben«, und wenn ich gut in der Schule sei, dann könnte ich auch von der Hauptschule aus in eine gute Schule kommen, meinte er.

Da kannte mein Vater aber das österreichische Bildungssystem schlecht! Ich schüttle mit dem Kopf, seufze angewidert und zucke mit den Schultern. Alles egal, denn meinen Traumjob habe ich ja. Denn ich wollte schon als kleiner Bub unbedingt Verkäufer lernen, am besten für Lebensmittel. Und diesen Wunsch habe ich mir erfüllt, ich sollte der glücklichste Mensch auf Erden sein, denn ich arbeite in einem Supermarkt und verkaufe Fleisch und Wurst. Klar, manchmal ist es stressig, und so mancher Kunde ist ein schwieriger, aber mir macht die Arbeit Spaß und so, ist echt super gelaufen.

»Mist, morgen habe ich ja Frühdienst«, sage ich zu mir selbst, und da ich nicht wieder so lange schlafen will, dass vom freien Montag nichts mehr übrig bleibt, hole ich die Katze herein und ziehe mich ins Bett zurück. Nach einer Schlaftablette, um runterzukommen, bin ich auch bald eingeschlafen, die liebe Katze wie so oft neben mir.

Ich sollte vielleicht dazusagen, dass die »Schlaftablette« eigentlich ein leichtes Neuroleptikum ist, das stark sedierend wirkt. Also eine ganze Tablette kann ich z. B. vor einem Arbeitstag nicht nehmen, da ich extrem schlecht aus dem Bett komme nach einer ganzen. Aber ohne so etwas würde ich stundenlang wach liegen und könnte nicht einschlafen, mein Psychiater war so nett und hat es verschrieben.

Anstatt so bis etwa 15 Uhr in Ruhe schlafen zu dürfen, werde ich rüde von Bohrgeräuschen geweckt. Schon um 7.30 Uhr, so eine Frechheit. Irgendwo im Haus macht jemand Löcher in die Wand, es klingt sehr nahe, könnte aber bei der Bauqualität meines Wohnblocks echt irgendwo sein. Zum Glück ist der Spuk nach einer Viertelstunde vorbei, und ich kann mich (etwas grummelig) wieder ins Land der Träume begeben. Als ich erwache, ist es 16 Uhr.

Schon läuft der Fernseher wieder, es ist natürlich DMAX. Leider läuft diese Serie mit den Goldsuchern aus Alaska, ich hasse die meisten von den Typen. Also quäle ich mich aus dem Bett für aufgewärmten Kaffee von gestern. »Was für ein glorreicher Start in den Tag«, denke ich mir und spüle mit dem lauwarmen Heißgetränk aus der Mikrowelle wieder meine Morgentabletten runter, routiniert.

Die gehen bald zur Neige, aber zum Glück habe ich eh nächste Woche einen Termin beim guten Psychiater. Den lege ich mir immer auf einen Dienstag, denn da hat er Abendordination, und ich kann nach einer Frühschicht hingehen, muss mir nicht freinehmen. Und mittlerweile deckt er mich immer für vier Monate ein mit Medikamenten, öfter als dreimal im Jahr will er mich nicht mehr zur Kontrolle bei ihm sehen. Ein Zeichen dafür, dass es mir momentan eigentlich recht gut geht, finde ich. Ging mir echt schon viel schlechter. Aber jetzt sollte ich mal schauen, was Mutter so tut.

Sie ist verdächtig ruhig, sitzt da und raucht. Das ist eine Verbesserung, sie redet scheinbar nicht mehr nur ständig mit sich selbst, das freut mich sehr. Ich frage sie, ob sie gut geschlafen habe und was ich heute kochen solle, Smalltalk eben, und sie sagt mir, ich sei der Koch und solle das entscheiden. Ich bin verblüfft und erleichtert, denn sie hat richtig auf meine Fragen reagiert und nicht nur irgendein Kauderwelsch erzählt, es geht also aufwärts?

Da Mutter die Wohnung nicht verlässt, habe ich Hilfe vom PSD (steht für Psychosozialer Dienst) der Caritas besorgt. Jetzt kommt wenigstens manchmal eine Sozialarbeiterin mit (noch seltener) einem Psychiater vorbei. Der hat die Medikation umgestellt, gibt ihr ein neues Medikament, und langsam setzt scheinbar eine Wirkung ein. Endlich, denn die vergangenen eineinhalb Jahre waren kaum zu ertragen. Jetzt bekommt sie zusätzlich zum Leponex, das kaum Wirkung hat, wenn man so viel raucht wie meine Mutter, eben auch noch ein wenig Risperidon, das scheint wirklich eine Verbesserung zu bringen.

Erleichtert ziehe ich mich wieder in mein Zimmer zurück, und während der Fernseher mich mit Berieselung versorgt, wird der PC angemacht, und ich schaue mal kurz in »mein« Spiel. Wie viel Zeit muss ein Mensch haben, ich investiere da wirklich fast täglich mindestens 90 Minuten in diesen Schrott? Er bringt nichts, kostet sogar ein wenig Geld, aber mein soziales Netz ist so dünn, ich habe kaum Freunde, nur Kollegen und Bekannte. Und eben die Spielkameraden/-innen in dem Spiel, ich will nicht auf sie verzichten. Aber das habe ich doch schon erzählt, oder? Tut mir leid, sorry.

Enge Freundschaften oder so ergeben sich da aber nicht, meistens wird nur zu Levelaufstiegen gratuliert oder ausgemacht, welche feindliche Gilde (und wir haben Erz-

feinde!) als Nächstes angegriffen werden soll. Meistens ist es nur »Looten und Leveln«.
Ach, ich mache es schon wieder! Okay, ich werde das Spiel nicht mehr so oft erwähnen oder besser noch ganz auslassen. Bin eh schon fertig für heute, also ab ins Bett und wieder fernsehen, ich nicke natürlich ein, und als ich wieder erwache, beginnt der typische kleine Stress wieder: muss schnell noch etwas einkaufen gehen!

Also schnell aus dem Pyjama raus und rein in passendere Gewänder, ab zum Interspar. Neben den Sachen, die ich immer kaufe, erwerbe ich noch Powidltascherl (Spar- Eigenmarke) und eine große Dose Fruchtcocktail. Es ist immerhin Montag, und da gibt es oft Mehlspeise bei uns, die noch nie wirklich selbst gemacht wurde, wenn ich ehrlich bin. Lieber etwas Gutes Schnelles, ich muss ja morgen arbeiten. »Junge Leute« kochen nicht mehr wie die Omas früher drei Mahlzeiten am Tag, jedes Mal ein Menü. Wenn man das heute machen würde, es würden nur noch menschliche Kugeln rumlaufen! Lieber nur ein Hauptgericht und maximal eine Suppe vorher, oder ein kleines Dessert danach. Okay, manchmal beides.

Ich schweife schon wieder ab, bin eh schon wieder auf dem Heimweg. Natürlich setze ich mich mit einer Dose des billigsten Energydrinks und einem verbilligten Weckerl in den (hässlichsten) Park der Stadt, gleich neben Sozialwohnungen ist er und ziemlich ungepflegt und winzig. Für mich reicht er locker, und ich lasse kurz die Seele baumeln, bevor es wieder zurück in die (gemieteten) eigenen vier Wände geht. Und als ich so sitze mit dem Handy und einfach nur so im Internet surfe und blödsinnige

Sachen google, ist es fast so, als würde mich ein bestimmter Begriff anspringen:

»Asexualität« gebe ich ein und lese, was ich schon vor 15 bis 20 Jahren einmal gegoogelt habe (seither echt nicht mehr, glaube ich), und ich lese, da »mangelt es einem am Empfinden sexueller Anziehung zu Personen«, und/oder man hat »kein Verlangen nach Sex«. Eine andere Seite definiert genauer, eine andere ganz anders. Aber meistens hat es eben mit fehlender sexueller Anziehung zu tun und/oder keinem Interesse an sexueller Interaktion und/oder keinem Verlangen danach.
»Tolle Info«, denke ich mir, »trifft mal wieder etwas Deppertes auf mich zu wie damals das mit der schizoiden Persönlichkeit …« Ich finde sogar so eine Art Selbsthilfeforum, »das schaue ich mir dann zu Hause vor dem Schlafengehen noch genauer an«, verspreche ich mir leise selbst.

Jetzt ist Zeit für wichtigere Dinge, der Bauch knurrt schon und sicher auch der von Mutter und der Katze. Gedacht, getan, und schon bin ich zu Hause und »koche«, wenn man Convenience-Futter zubereiten »kochen« nennen kann. Ach, ist doch egal. Nach einer kurzen Pause (im Bett) melde ich mich in diesem »asexuellen Forum« an und lese ein paar der Threads. Leider kann ich mich selbst in vielen dieser wiederfinden, aber das verwirrt mich eher, als das es mich beunruhigen würde oder so. Ich wusste ja lange, »dass da was ist«. Dass mit mir gefühlt »etwas gewaltig nicht stimmt«.

Ausreichend Zeit, um mich in dem Forum auszutoben, habe ich aber nicht, denn ich muss noch eine Ladung

Wäsche waschen, Arbeitskleidung und so. Und ich sollte echt mal duschen, rasieren und so Zeug, kann doch morgen in der Arbeit nicht stinken und wie ein Sandler aussehen, oder? Also erledige ich diese nervtötenden Pflichten, stopfe in ein Kik-Sackerl Arbeitskleidung für eine Woche hinein und hoffe, die Nachbarn rufen nicht die Polizei, denn der Schleudergang der Waschmaschine startet sicher weit nach 22 Uhr!

Diese Reise in mein Inneres, vor der ich wohl viel zu lange zurückgescheut habe, hat auch etwas Gutes! Ich bin mir plötzlich viel weniger selbst böse, dass mich »weder Frauen noch Männer interessieren«, wie ich es erst kürzlich zum ersten Mal laut ausgesprochen oder besser einer Sängerin über Instagram gebeichtet habe. Am liebsten würde ich mich bei ihr bedanken, aber nein, wäre für sie nur ein Fanbrief von vielen. Das lasse ich lieber.

Und ich lasse es auch (vorerst), selbst in dem Selbsthilfeforum der Leute, die sich selbst »irgendwo auf dem asexuellen Spektrum« sehen – was das auch immer heißt –, etwas zu posten. Lieber noch ein wenig recherchieren, oder? Momentan könnte ich ja maximal schreiben: »Ich glaube, ich bin einer von euch.« Da spiele ich lieber irgendetwas, bis ich mich gegen Mitternacht zu einer kurzen Nacht ins Bett begebe. Gesagt, getan, und schon versinke ich in einem Fußballmanager. Und pünktlich, so gegen 24 Uhr, drehe ich endlich den PC ab und gehe wirklich schlafen, für ein paar Stunden.

Ich erwache und bin relativ fit. Die halbe »Schlaftablette« (die ich nicht vergessen habe) hat ihre Wirkung entfaltet, und ich habe durchgeschlafen, toll. Der Wecker klingelt in sieben Minuten. Ich liege einfach da und rauche eine. Hoffentlich nicke ich nicht ein und fackle die Wohnung ab. Ach, wenn es in den vergangenen 20 Jahren nicht passiert ist, dann passiert es heute ganz sicher nicht. Als der Wecker dann endlich läutet, bin ich gerade in der Küche auf der Suche nach Koffein. Auch daran habe ich gestern gedacht, ich bin mit mir selbst zufrieden, weil ich so brav bin, schöne gute Routine.

Kurz vor fünf gehe ich endlich in Richtung Bahnhof. An der Kreuzung bleibe ich stehen und hole wie jedes Mal mein Handy raus. Das muss ich machen, denn der Bahnhof hat ein Vorne und ein Hinten. Und auch wenn der Zug fast immer am selben Bahnsteig wegfährt, er kann vorne oder hinten stehen. Also muss ich an der Kreuzung entweder nach links oder rechts, ist blöd, und oft ändert sich in den fünf Minuten bis zur Abfahrt sowieso noch etwas. Egal, heute scheint der Zug auf 6A abzufahren. Also drei Gehminuten von z. B. 6D entfernt!

Zum Glück ist es wirklich so wie angegeben, schon sitze ich im (außer mir) leeren Zug und spiele mit dem Handy. Ja, »mein Spiel« kann man ebenso per App spielen, auch wenn es damals als reines Browsergame angefangen hat. Gut so, habe ich wenigstens etwas zu tun, bis der Zug nach 35 Minuten pünktlich ankommt, ich steige um in einen dunklen, fast leeren Bus und bin dann endlich mal am Arbeitsort. »Blöde« Gedanken gehen mir durch den Kopf. Wenn ich wirklich asexuell bin, kann ich das überhaupt jemandem erzählen in der Arbeit oder in der Familie? Vorerst schiebe ich dieses »Zeug« weit weg von mir, es wäre ein zu großer Einschnitt in meinen Alltagstrott. Und die Arbeitswoche überstehe ich am besten, wenn alles seinen gewohnten Gang geht, mit möglichst wenig Reibung.

Ich bin sehr früh in der Arbeit, fast zu früh, also kann ich noch Automatenkaffee und ganze zwei Zigaretten genießen, bevor es losgeht, pünktlich um 6.30 Uhr. Ich räume in der Früh die Fleischvitrine ein, soll alles schön sein für die Kunden. Dann hole ich die neue Lieferung herauf, trinke noch einen Kaffee mit den Kollegen meiner Abteilung, rauche heimlich noch eine und ab acht bediene ich freundlich Kunde um Kunde. Bei Fleisch und Wurst. Und nebenbei mache ich die Fleischbestellung, stecke Spieße (für faule Leute) und mache so sinnvolle Arbeiten wie aus Semmeln von vorgestern Knödel. Was man »hinter der Fleischtheke« halt alles zu tun hat.

Und man glaubt es fast gar nicht, kaum habe ich angefangen, ist es schon 13.30 Uhr, und ich kann wieder heimfahren. Und dafür bekomme ich sogar Geld, ich sollte mich schämen. Und zwar so viel Geld, wie ich in meinem ganzen Berufsleben noch nie bekommen habe! Vielleicht bin ich deshalb so glücklich? Oder liegt es daran, dass das Arbeitsklima so toll ist? Das passt nämlich auch. Und ich weiß schon, wem ich von der Arbeit mein »Geheimnis« von der blöden Asexualität als Erstes verraten werde: Da ist dieses Lehrmädchen (bald ausgelernt), sie steht auf Frauen und könnte mich noch am ehesten verstehen. Aber so weit sind wir noch lange nicht, erst will ich mich selbst verstehen können. Ein Coming-out hat man anscheinend immer erst zu einem selbst und dann zu anderen.

Bus und Zug haben keinerlei Verspätung, ich bin pünktlich wieder in meiner Lieblingsstadt, normalerweise würde ich sofort nach Hause gehen. Mich wieder mal verkriechen, doch heute, mit neuen Gedanken im Kopf, gehe ich als Erstes gleich in die Apotheke, um Mutters Neuroleptika abzuholen. Okay, das hätte ich früher auch gemacht, aber dieses Mal gehe ich sogar ein wenig rein in die Stadt! Und ich bin echt mutig, denn ich gehe zielgerichtet zu dem Sandwichladen, in dem ich früher Manager war. Den habe ich seit meiner Kündigung nicht mehr besucht. Sind nicht gerade freundlich auseinandergegangen, aber egal: Ich habe heute noch gar nichts gegessen und ehrlich gesagt bin ich neugierig, wie der jetzt aussieht, wurde ein wenig renoviert, und der Betreiber ist neu.

Ich betrete meine alte Wirkungsstätte wie ein »ganz normaler« Kunde, grüße und bestelle wie ein alter Profi ein kleines Sandwich. Währenddessen schaue ich mir den Laden an, außer einem neuen Markenauftritt und etwas höheren Preisen sehe ich wenig Veränderung. Ich finde das zwar etwas schade, aber den wichtigsten Schritt haben die neuen Chefs ja gewagt: Das war früher ein typischer Franchisebetrieb, und jetzt sind sie ein unabhängiger Sandwichladen mit heimischen Produkten. Dass die Chefs Migranten sind, stört mich persönlich nicht. Die sind eh nicht da, ein Sandwich Artist mit guten Deutschkenntnissen hat mittlerweile mein Sandwich fertig. Ich setze mich hin und merke kaum einen geschmacklichen Unterschied zu früher, doch das Hühnchen schmeckt nicht so wässrig und chemisch wie das aus Thailand, das es zu Franchisezeiten gab, heimische Qualität eben. Also ich zahle den einen Euro mehr gern, hoffentlich sehen es die anderen Kunden genauso! Ich sinniere über früher, dann erschrecke ich.

Denn mein ehemaliger Chef kommt zur Tür herein. Ich wusste ja, dass er noch einer der Gesellschafter ist, denen der Laden gehört, aber dass der gerade jetzt auftaucht, ist mir unangenehm. Ich weiß nämlich nicht, wie er reagiert, das letzte Mal, als wir uns getroffen haben, war in einem Gerichtssaal. Er grüßt mich freudig und fragt mich, wie das Sandwich schmeckt, hoffentlich besser als früher. Ich antworte:
»Anders, nicht so chemisch wie das alte, ich finde es besser«, dann presche ich vor und sage ihm, dass ich das Lokal auch nett finde und ihn und seine Geschäftspartner echt mutig, so ein Risiko einzugehen, ohne Franchisegeber, total unabhängig.

Wir tratschen ein wenig über früher, wirklich ein freundliches Gespräch. Das hätte ich nicht erwartet, wenn ich das gewusst hätte, dann hätte ich schon viel früher den Mut gehabt und wäre mal auf einen Sprung vorbeigekommen. Ich verlasse lächelnd das Lokal und denke mir:
»Soll ich gleich zum Spar Gourmet weitergehen, vielleicht läuft es dort genauso gut?« Diesen Gedanken verwerfe ich allerdings sofort, denn bei dem Ex-Job habe ich damals selbst gekündigt, und das war extrem unschön. Ich habe heute schon ein wenig Mut gezeigt, aber so mutig bin ich nun doch nicht. Also gehe ich lieber heim.

Beim Heimweg denke ich an die eigentlich schöne Zeit im Restaurant, an das gute Arbeitsklima damals, solche Dinge. War ein toller Job, okay, mit sehr wenig Geld in der Börse, aber doch schön.

Kapitel 3:
In Gedanken weit, weit weg

In der Wohnung angekommen, überkommt mich dann doch wieder der Wunsch nach etwas Vertrautem! Ich stelle den Wecker auf 18 Uhr und mache ein schönes Nickerchen, da reichen gute zwei Stunden locker. Gibt doch nichts Schöneres nach der Arbeit. Zeit genug, um noch einkaufen zu gehen und Mutter und mir etwas Gutes zu kochen. Und Zeit »für mich« habe ich ebenfalls genug, auf Frühdienst an einem Tag folgt sehr oft Spätdienst am nächsten, so ist es auch diesmal, also kann ich mich nachts austoben und bin morgen trotzdem ordentlich ausgeschlafen. Nach einer sehr genüsslichen Zigarette bin ich somit schon (ziemlich schnell) im Land der Träume.

Den Wecker brauche ich gar nicht, kurz vor sechs Uhr abends erwache ich topfit, wie eigentlich fast immer, zum Glück. Nach einem schlechten Kaffee sind ich und mein Trolley schon auf dem Weg zum Interspar. Meine Gedanken schweifen umher, Gedanken an die Arbeitswoche, die mir bevorsteht, wechseln sich ab mit Gedanken an mein Onlinegame. Es sind keine wichtigen Gedanken. Plötzlich höre ich jemand meinen Namen rufen. Ich schaue auf, und da steht plötzlich eine ehemalige Arbeitskollegin von mir. Sie erzählt mir, dass sie jetzt gleich um die Ecke wohne und dass ich sie gern mal in ihrer Shishabar besuchen kommen solle. Die ist auch gleich die Straße runter. Ich überlege kurz und sage so lieb wie möglich ein deutliches Nein zu dieser Einladung. Wir verabschieden uns, und ich gehe weiter. Schon kreisen meine Gedanken wieder.

Diesmal aber darum, wie ich nur so blöd sein kann, eine Gelegenheit, »unter Leute zu kommen«, einfach auszuschlagen, ohne mit der Wimper zu zucken. Ich will mich ja »verändern«, und das wäre doch ein logischer Schritt in meinem extrem einsamen und einseitigen Leben, etwas zum Positiven zu verbessern.
»Vielleicht bin ich nur noch nicht so weit«, denke ich mir, als ich mich schon dem Interspar nähere.
»Dieses Wochenende gehe ich mal fort, mal schauen, was passiert«, verspreche ich mir selbst und rauche noch eine, bevor ich meinen Trolley verstecke und mir einen Einkaufswagen schnappe. Wenn ich bloß wüsste, was ich heute kochen soll. Und für morgen brauche ich auch etwas Schnelles, denn da komme ich ja erst um 22 Uhr nach Hause, und Mutter wird noch hungrig sein. Ich kaufe mal wieder viel zu viel, vor allem Naschzeug. Aber ich entscheide mich immerhin dazu, heute eine asiatisch angehauchte Pfanne mit Reis zu kochen und morgen einfach Pasta mit Fertigsugo. Wobei, Nudeln mag Mutter nicht so besonders, ach egal, ich musste als Kind auch essen, was auf den Tisch kommt. Ich schnappe mir noch literweise ungesunde Softdrinks, und schon schaufle ich einen ganzen Einkaufswageninhalt auf das Förderband der Kassa. Und da schießt es mir plötzlich ein:

Verdammt, ich habe vergessen, Zigaretten zu kaufen! Und die Trafik im winzigen (und halb leer stehenden) Einkaufszentrum, in dem sich der Interspar befindet, hat natürlich schon zu. Geht es sich noch aus, zum Bahnhof zu hirschen, die Trafik dort schließt erst um 19 Uhr? Wird knapp! Ich bezahle eilig mit Karte, und so schnell es geht wird der Trolley befüllt. Und ich zerre das schwere Ding in Richtung Bahnhof, grummelig und plötzlich im Stress. Warum war ich so blöd und habe nicht schon am Nachmittag die blöden Zigaretten gekauft? Ich hatte es mir ja fix vorgenommen, ich Depp.

Und tatsächlich, kurz vor Ladenschluss kann ich endlich die lebenswichtige Rauchware kaufen, und ich kaufe sie stangenweise, denn Mutter raucht etwa drei Packungen am Tag. Sie sitzt ja nur den ganzen Tag da, schaut ins Leere und redet mit sich selbst. Und da zündet sie sich eine nach der anderen an. Ist blöd, denn das viele Nikotin hemmt die Wirkung ihrer Medikamente schon etwas, dann ist sie noch verwirrter und raucht noch mehr, Teufelskreis. Mit diesen düsteren Gedanken im Kopf komme ich abgehetzt und echt nicht gut drauf in der Wohnung an, eine kurze Pause folgt.

Ich bin normalerweise fast immer gut drauf, aber momentan ist meine Stimmung irgendwie grundlos am Tiefpunkt. Voller Ärger um Nichts schneide ich Fleisch und Gemüse klein, koche und stelle wortlos Mutter ihr Essen hin, sie murmelt irgendwas, und ich ziehe mich wieder in mein Zimmer zurück, esse wie immer am Couchtisch. Das Fernsehprogramm vermag meine Stimmung auch nicht zu verbessern, das ist allerdings kein Wunder. Denn auf DMAX läuft gerade die eine Goldschürfer-Crew, die ich nicht mag, und auf den anderen Sendern läuft auch nichts Besseres. Der schmutzige Teller bleibt stehen. Ich falle ins Bett und starre an die Decke.

Es wäre schön, wenn ich sagen könnte, dass ich fest nachdenke. Aber das ist leider nicht so, meine Gedanken kreisen herum, ich versinke anscheinend in tiefem Selbstmitleid. Das kommt auch selten vor! So liege ich da und denke ins Nichts hinein, nun schon mehr als eine Stunde. Ich tue mir selbst leid, wünschte, Mutter wäre gesund, hätte gern ein (noch) weniger arbeitsreiches Leben, solche Dinge. Über so was denke ich echt nicht gern nach, nehme die Dinge und die Stolpersteine des Lebens normalerweise hin, wie sie nun eben sind. Ich liebe es, einfach in den Tag hineinzuleben.

Plötzlich »stoppen« meine Gedanken, ich murmle zu mir selbst:
»Scheiß drauf!«, springe aus dem Bett, ran an den PC. Vor allem um mich abzulenken, google ich mal wieder das Wort »Asexualität« (oder eher das englische Asexuality) und öffne, was mir interessant erscheint, jeweils in einem Tab. Und schon sauge ich Wissen ein, um die düsteren Gedanken der vergangenen Stunde irgendwie mit etwas Sinnvollem zu vertreiben. Ich lande in einem Wiki-Onlinelexikon und erfahre (unter anderem), dass Asexualität nur ein Überbegriff ist.
»Aha, da tun sich Abgründe auf«, seufze ich.

Wie ein Regenschirm spannt sich dieser Begriff über ein ganzes Spektrum an verschiedenen Befindlichkeiten, die man haben kann. Verblüfft klicke ich mich durch sogenannte Ace-Spec Identities und Micro Labels. Manche erschrecken mich, andere erheitern mich echt schon ein wenig, das gebe ich ehrlich zu. Da sind einige sehr spezifisch, aber wenigstens finde ich gleich ein paar, die haargenau auf mich passen. Am meisten spricht mich eine sogenannte Aegosexualität an, mehr dazu vielleicht später. Stunden sind vergangen, es ist fast 23 Uhr. Ich brauche eine Pause, denn der Kopf raucht. Auf solche Weise »Wissen einsaugen« mache ich ab und zu, meistens wenn mich etwas brennend interessiert und ich gerade (wie so oft) Zeit totzuschlagen habe. Das waren auch schon mal Astrophysik oder Nationalhymnen, solch wahlloses Zeug eben. Jetzt weiß ich zumindest, wie Sterne entstehen, und kann die Hymnen von Südafrika, Wales und Irland mitsingen. Zurück zum Thema, ich sitze am Bettrand und rauche eine, natürlich habe ich schon während meiner »Recherche« kettengeraucht, aber jetzt habe ich sogar einen Kaffee dazu, einen frisch gemachten, guten Kaffee.

Zum Glück reicht es, wenn ich gegen drei Uhr schlafen gehe, da ich ja morgen erst zu Mittag aufstehen muss, eigentlich. Als Erfolg kann man verzeichnen, dass diese Stunden im Internet echt Wirkung gezeigt haben. Ich denke nicht mehr an etwas Düsteres, sondern versuche, was ich da so recherchiert habe, zu verstehen und einzuordnen. Auch das ist mir zu anstrengend. Ich rauche noch eine, und plötzlich kommt mir in den Sinn, dass heute ein total schöner Tag war, so rein wetter- und arbeitsmäßig. Ich sollte zufrieden sein!

Und ich sollte auch an andere denken, Katzen zum Beispiel. Also gehe ich kurz mal an die frische Luft und rufe (schnell verzweifelt, weil sie nicht gleich kommt) nach der lieben Shirley. Nach einer gewissen Zeit taucht sie auf, ich genieße kurz den Sternenhimmel, viele Sterne sind es nicht, der Himmel ist durch die Wohnblöcke verstellt, aber immerhin ein paar. Plötzlich umfängt mich ein Gefühl von ... Zufriedenheit. Ich gehe eine kleine Runde in der Wohnanlage, wieder mit einer Zigarette im Mund, dann nehme ich die Katze mit in die Wohnung und halte kurz inne, atme tief durch.

Schon geht es wieder an den PC. Die ganzen »asexuellen« Tabs sind noch offen! Habe ich mich echt schon wieder ein paar »speziellen« Facebook-Gruppen angeschlossen? Ich schließe die Tabs, und mit einem Fingerschnipper öffne ich ein Textdokument und nenne mein neues Gedicht »Ein Tag vergeht«. Kaum ein paar Sekunden später, fliegen die Finger schon über die Tastatur, ohne langes Nachdenken, total inspiriert und mit vielen Gedanken im Kopf schreibt es sich einfach toll!
»Das wird sicher ein Meisterwerk!«, denke ich mir und finde echt tolle Reime, diesmal ganz ohne Reimlexikon oder auf die eine oder andere Weise zu »schummeln«:

Ein Tag vergeht

Die Wolken ziehen wie die Zigeuner,
reisen durch den Himmelsraum.
Ein Flugzeug wie ein störend Streuner,
Sonne und Mond treffen sich hier kaum.

Das Himmelszelt so blau und weiß,
der Stern erleuchtet alles gleich.
Die Sonne – sie brennt nicht zu heiß,
die strahlend Wolken wirken weich.

Langsam fällt die Sonne runter,
nähert sich dem Horizont.

Schon werden erste Sterne munter,
wird der Westen rot betont.

Der Mond erwacht und kommt hervor,
entsteigt dem Boden Phönix gleich.
Die Sonne, die den Kampf verlor,
verschwindet aus dem Sichtbereich.

Die Luft wird kühler und fast still,
der Himmel wird ganz langsam düster.
Die Stadtluft Sterne stehlen will,
Motorenlärm stört des Windes Geflüster.

Die Milchstraße lässt sich nur erahnen,
am Lande könnte ich sie sehen dort oben.
Doch leider wehen meine Fahnen,
in einer Stadt, wo Smog und Autos toben.

Doch nicht so schlimm, ist Nacht genug,
auch ich gehe heute früh zu Bett.
Süßer Schlaf – der fast am Leben ist Betrug,
macht den Kreislauf doch erst komplett.

Morgen ist ein neuer Tag zu leben,
da muss ich fit sein und ausgeruht.
Kann dann wieder zu den Wolken streben,
wie man das ab und zu mal tut.

Ganz wahr ist das Gedicht nicht, früh zu Bett gehe ich heute nicht, immerhin ist es schon weit nach Mitternacht, und ich muss noch mein Spiel spielen. Also mache ich das schnell und weil es ja ein Browsergame ist mit Wartezeiten, kann ich weiter zum Thema »Ace« recherchieren. Na ja, eigentlich schaue ich diesmal Videos auf Youtube an, da ist die Informationsdichte nicht so hoch wie in einem Lexikon. Das ist einerseits richtig entspannend, der Kopf raucht nicht so schnell, aber andererseits doch auch oft langatmig. Ich bin selbst kein »guter« Youtuber, aber manche der Typen sind echt zum Einschlafen! Also beende ich das Ganze und gehe pünktlich zu Bett.

Ich habe nicht mal mein Spiel zu Ende gespielt, aber das kann ich im Zug zur Arbeit auch noch machen. Also rauche ich noch eine letzte Zigarette und werfe eine Schlaftablette ein. Wie so oft, liege ich trotzdem noch eine Zeit wach und denke nach. Mittlerweile muss ich wohl nicht näher erläutern, worum sich meine Gedanken drehen.
»So fühlt sich also ein Coming-out an«, denke ich mir als letzten Gedanken vor dem Einschlafen. Das Herumrätseln hat nämlich endlich ein Ende, jetzt weiß ich, was ich bin. Ich weiß mehr, als ich wissen wollte, wenn ich ehrlich bin, aber das ist schon okay. Kurz bevor der Wecker (oder besser Handy, Tablet UND Wecker) läuten würde, erwache ich ausgeruht und fit aus einem Albtraum.

Habe ich doch glatt geträumt, dass mich eine riesige Spinne beißen will, habe irrsinnige Angst vor Spinnen. Egal, zuerst brauche ich mal einen Kaffee und meine Tabletten. Und natürlich die obligatorische Zigarette auf nüchternen Magen. Essen bringe ich jetzt echt keines runter, schon mache ich mich auf dem Weg zum Bahnhof. Wie immer ist der Zug um die Mittagszeit überfüllt, er besteht nur aus zwei Waggons, warum die ÖBB nicht einfach noch einen anhängen, ist mir mehr als schleierhaft. Ich finde gerade noch einen Sitzplatz, da sitzt eine junge Frau mit Kopftuch, zu der hat sich noch niemand gesetzt. Schon habe ich das Handy in der Hand und spiele mein Spiel fertig, heute habe ich meine Ohrhörer ausnahmsweise nicht zu Hause vergessen, DJ Spotify pumpt gute Musik in meine Ohren.

Die junge Muslima legt ihr Handy auf den kleinen Tisch unter dem Fenster, plötzlich »schreit« ein Professor aus dem Lautsprecher, und sie kramt in ihrer Tasche und findet scheinbar ihre Aufzeichnungen. Ganz vertieft sitzt sie da, blättert, hört zu und liest. Die restliche Zugfahrt lausche ich also ebenso einer Vorlesung über Parkinson, sehr interessant, auch wenn ich kaum was verstehe von dem Kauderwelsch. Eine Abwechslung von der immer gleichen Musik, der ich sonst lauschen würde. Alibimäßig habe ich die Ohrhörer noch in den Ohren, tue so, als würde ich angestrengt Musik hören. Was man in solchen Zügen für Leute trifft, treffen ist nicht das richtige Wort, denn ich wechsle mit ihr kein einziges Wort.

Der Zug hat keine Verspätung, ich erreiche den Bus in die Arbeit gut, kann fast noch eine ganze Zigarette rauchen. An diesem Nachmittag arbeiten wir sogar zu viert. Die Schicht geht ihren gewohnten Gang, meine Kollegen reden mal wieder über Sex, plötzlich bricht es aus mir heraus:
»Ich denke, ich bin asexuell.« Natürlich muss ich ein wenig erklären, warum und wie ich darauf komme, aber meine jungen Kollegen sind irgendwie total auf meiner Seite. Der eine Kollege ist ein echt gechillter Typ, und das bald ehemalige Lehrmädchen ist selbst queerer als queer und versteht mich total. Cool, so einfach ist das. Wenn man es den richtigen Leuten erzählt, geht es! In unserer Pause, die findet nacheinander statt, machen wir so einen ominösen Test auf Facebook zum Thema »sexuelle Orientierung«. Den Test wirklich gemeinsam zu machen, würde

natürlich noch mehr Spaß machen, aber es gilt ja primär, unsere Kunden brav zu bedienen, die an diesem Nachmittag zahlreich sind.

Natürlich sind solche Tests schrottig, aber es kommt raus, was ohnehin klar war. Der Kollege ist zu 13 % schwul (und fertig deswegen, 87 % hetero sind ihm zu wenig), die Kollegin 100 % lesbisch und ich zu weit mehr als 80 % asexuell. Zumindest sagt das der Test. Wir machen uns einen chilligen Dienst, die vierte Person ist eine ältere Kollegin, ich glaube, sie hört uns gar nicht zu. Was auch gut ist, zu viert machen wir routiniert unseren Job, pünktlich ein paar Minuten nach acht sind wir alle schon auf dem Heimweg. Ich warte auf den Bus, der zum Glück noch in Richtung Bahnhof fährt, mein Kollege geht zu Fuß zum Bahnhof. Im Zug sehen wir uns wieder, er fährt mit demselben Zug wie ich, wir stecken beide Ohrhörer in unsere Ohren, und jeder hört seine Musik. Am Bahnhof meiner Heimatstadt sagen wir Tschüß, und ich bin schon wieder zu Fuß auf dem Heimweg, mein Kollege muss mit einem anderen Zug noch ein paar Minuten weit in ein Bauernkaff fahren, der Arme.

An meinem Wohnblock angekommen, versuche ich, noch brav die Katze mit hineinzunehmen. Aber die eine blöde Nachbarin schnauzt mich an, ich soll nicht rufen um so eine Zeit, ihre Kinder schlafen schon. Ich maule sie an und gehe ohne Katze rauf in die Wohnung. Mutter hat Hunger, mag keine Nudeln, also wärme ich schnell Dosenfutter für sie und mich. So schlecht schmecken Bohnen mit Speck gar nicht! Danach schaue ich noch ein wenig fern, und bald versinke ich wieder im Traumland, gönne mir die gewohnten vier Stunden verdienten Schlaf. Das geht schon in Ordnung, bin es gewöhnt. Komisch, bin dann oft genauso fit wie nach zwölf Stunden.

Der nervtötende Weckton meines billigen Tablets erlöst mich mal wieder aus einem Albtraum, kurz danach lasse ich endlich die halb verhungerte Katze ins Haus, schon bin ich wieder in einem fast leeren Zug in die Arbeit. Und wieder kurz danach spule ich routiniert sechseinhalb Stunden dieser Beschäftigung ab. Es ist ein Tag wie so viele andere auch, über unwichtige Dinge wie Asexualität wird nicht gesprochen, viel wichtigere Dinge passieren, wie Leberkäse, der mit dem falschen Programm im Ofen fast zu dunkel wird. Pünktlich kurz nach 15 Uhr bin ich wieder zu Hause, falle müde ins Bett und stelle den Wecker wieder auf 18 Uhr. Heute ist Donnerstag, morgen arbeite ich erst ab Mittag, und ich muss fürs Wochenende noch einkaufen, da ich auch den ganzen Samstag arbeiten darf. Diesmal weckt mich mein Handy aus süßeren Träumen, schnell noch ein aufgewärmter Kaffee, und schon sind wir zu dritt auf dem Weg nach unten (mein Trolley, die Katze und ich). Shirley verschwindet nach rechts, ich gehe links am Wohnblock vorbei und bin schon wieder auf dem Weg in Richtung Interspar. Ich habe sogar eine kurze Einkaufsliste mit, ein paar Dinge brauchen wir schon echt dringend. Zigaretten zum Glück noch nicht, also kann mir so ein Stress wie vor ein paar Tagen gar nicht passieren.

Routiniert laufe ich im Interspar auf und ab und vergesse trotz Einkaufsliste fast die wichtigsten Sachen, gehe zu einer nicht allzu langen Kassenschlange und verlasse sie wieder, weil ich noch unbedingt Teelichter brauche. Na ja, »brauchen« ist da das falsche Wort, sie entspannen einfach, und ich kann mit einem brennenden Teelicht fast besser einschlafen als mit einer glimmenden Zigarette. Endlich habe ich wie ein Eichhörnchen alles »Nötige« gesammelt!

Auf dem beschwerlichen Rückweg vom Einkaufen (habe zu viel gekauft, einen Trolly und ein Sackerl voll Zeugs) nach Hause läuft mir die ehemalige Arbeitskollegin wieder über den Weg, diesmal mit winzigem Hund, der knurrt und bellt mich an, also sagen wir nur kurz Hallo, und wenige Minuten später bin ich schon wieder in der Wohnung und räume meine Schätze aus. Highlights werden kurz Mutter präsentiert, wie Pudding für sie, den ich in der fast leeren Abverkaufstruhe ergattert habe, hoffentlich isst sie ihn auch brav.

Zum Schluss zeige ich Mutter, was es heute Gutes zu essen gibt, so Geselchtes mit Erdäpfelpüree. Auf dem Selchschopf klebt natürlich ein 25 % Rabattpickerl, das sieht sie und sagt:
»Wenns günstig und gut ist, muss man zuschlagen!« So etwas »Kluges« ist ihr echt schon lange nicht mehr über die Lippen gekommen. Das freut mich, also werfe ich das Fleisch in einen Topf mit Wasser, wird gekocht, obwohl es ja eigentlich »essfertig« ist, und die Beilage kommt aus der Tüte, man braucht nur ein wenig Wasser und Milch dazurühren, schon hat man ein »Püree«. Klingt mal wieder recht grauslich, egal.

Die Eigenmarke von Spar ist es eh nicht, die bringt man wirklich schwer runter. Es ist Püree von Pfanni, die verwenden anscheinend sogar ihre eigenen, guten Erdäpfel für das Pulver. Und da schmeckt das Ergebnis recht, man könnte fast sagen, gut. Ich mische immer brav etwas

Pfeffer, getrocknete Petersilie und vor allem eine Prise Muskatnuss in das Instantpüree. Vielleicht ist es deshalb so erträglich? Es ist schon ordentlich spät am Abend, als wir gegessen haben und die Teller mal wieder stehen bleiben. Zeit fernzusehen.

Ich zappe die Kanäle rauf und runter und finde absolut nix, was ich momentan auch nur im Entferntesten sehen möchte. Also starte ich den PC, drehe eine VPN auf und gehe auf eine illegale Streamingseite. Eigentlich ist das, was ich jetzt tue, in Österreich gar nicht mal wirklich illegal! Wenn es nur Anschauen ist, das darf man, ich presse ja keine Raubkopien oder stelle selbst etwas ins Netz. Aber ich ziehe eine Folge einer alten Sci-Fi-Serie vom PC auf den Fernseher. Ja, der Fernseher ist an den PC angeschlossen, das geht.

Die Serie ist nicht mal gut! Aber sie ist unglaublich entspannend, weil es absolut um nix geht in dem Machwerk. Ein einsames Raumschiff aus einer anderen Zeit, und der Captain und seine aus Kostengründen mickrige Besatzung wollen ein altes Reich wiederbeleben. In dieser Folge finden sie heraus, dass ein möglicher Verbündeter eine Substanz schmuggelt, die für gewisse Aliens wie eine Droge ist. Für diese spezielle Serie ist das eine sehr gut gemachte Folge! Man muss ja skeptisch sein, wenn der Typ, der den Captain spielt, auch Hauptdarsteller in »Herkules« war.

Am Ende dieser Folge angelangt, setze ich mich an den PC und ziehe das Browserfenster wieder zurück auf den Bildschirm, bevor ich am Fernseher (wie im Zweifelsfall immer) auf DMAX wechsle, zur Berieselung im Hintergrund. Die illegale Streamingseite bleibt in einem Tab offen, in einem anderen öffne ich ein echt gutes Wiki-Onlinelexikon-Dingens und suche mal nach dieser Aegosexualität, die ich für mich entdeckt habe. War zum Glück (alphabetisch) geordnet, gleich das erste Micro Label in der Liste.

Ich finde sogar eine Definition auf Deutsch: *»Als aegosexuell (A=nicht, Ego=Ich) wird eine sexuelle Anziehung bezeichnet, die als losgelöst von der eigenen Person empfunden wird.«* So weit, so sperrig. Und dieses eine Lexikon wirft das Ganze leider auch noch in die Kategorie »grausexuell«, echt gemein fast. Die Definition ist sowieso relativ unbefriedigend, mir sagen mehr gewisse Merkmale zu, wollte fast »Symptome« schreiben, aber das klingt nicht so gut:

»In Form von Fantasien wird die eigene Sexualität ausgelebt, aber es wird keine sexuelle Beziehung mit anderen gewünscht«, steht da und ist grundsätzlich richtig, nur dass bei nicht allen diese Fantasien wirklich »sexueller Natur« sind. Ein wenig bin ich ja schon in so einer aegosexuellen Facebook-Gruppe gewesen, und andere Meinungen zu dem Thema habe ich auch gelesen. Mir gefällt am besten die Theorie, dass viele Aegos in irgendeiner Art »pseudosexuell« sind. Denn viele spüren sexuelle Anziehung nicht mal wirklich, aber andere Anziehungsformen (und wie es scheint, gibt es da mindestens 7, Höchstzahl, die ich gefunden habe, 44!) »mischen sich ein« und erzeugen eine Art »Ersatzsexualität«, sehr interessant. Ich scheine zu denen zu gehören, die aroace UND aego sind. Zumindest empfinde ich das so, ob es »formal richtig« ist?

Als zweites Merkmal steht da: »*Masturbation oder Pornografiekonsum findet statt, aber sexuelle Handlungen mit anderen Personen werden als abstoßend oder unangenehm empfunden.*« Wow, ist das wieder wahr und unwahr zugleich! Das setzt ja voraus, dass Masturbation »Sex mit sich selbst« ist, was wieder kompletter Käse ist. Sorry, aber auch da fahre ich dazwischen und stelle klar, dass anscheinend sehr viele Aegos bei der Masturbation nicht mal an Sex denken. Sie »stimulieren« sich, schauen dabei einen Porno, oder es reicht ihnen die Fantasie, aber das war es schon. So ziemlich viele Aegos (aber definitiv nicht alle) sehen sich selbst nicht in ihren Fantasien. Das ist ja gerade der Punkt. In englischsprachigen Lexika steht das viel besser und ausführlicher beschrieben! Ich erlaube mir, meine Lieblingsdefinitionen in das deutschsprachige Wiki hineinzuübersetzen, hoffentlich werden die Änderungen angenommen und nicht gleich wieder gelöscht und ich verwarnt:

Fantasien über Sex, aber (folgende Punkte können zutreffen, es kann nur einer zutreffen oder mehrere, es müssen sicher nicht alle zutreffen, um sich als aegosexuell zu empfinden, manche widersprechen sich ja sogar grundlegend):

- *das aegosexuelle Individuum ist nicht beteiligt. Es ist eher nur eine Art außerkörperlicher Beobachter, der das Geschehen eher aus der dritten Person wahrnimmt als aus der ersten;*
- *man nimmt nicht sich selbst wahr in den Fantasien, nur andere Personen (z. B. Berühmtheiten, fiktionale Charaktere, seltener Personen, die man auch wirklich kennt);*
- *es kommen nur generische, gesichtslose Charaktere vor, keine bestimmten Menschen, die real existieren;*

- *man sieht das Geschehen eher aus der Perspektive einer anderen Person, nicht aus der eigenen;*
- *man nimmt nur sich selbst wahr und keine anderen Personen;*
- *das Geschehen ist stark idealisiert und unrealistisch. Das Hinzufügen realistischerer Elemente zu der Fantasie macht sie weniger ansprechend oder sogar abstoßend.*

Wow, ich glaube, das habe ich gut übersetzt. Ich scheine zu jenen zu gehören, die erotischen Kram konsumieren, aber die Leute in diesem Zeug nicht mal ansprechend finden, nur die »Story«, wenn man das, was da gezeigt wird, so nennen kann, die Handlung eben.
Zumindest scheint es so, dass Aegosexuelle oft Personen ziemlich ansprechend finden, ohne dass es ihnen in den Sinn kommt, mit ihnen schlafen zu wollen, was ja die Schlüsseldefinition ist, ob man jetzt asexuell oder grausexuell ist, ach egal, mein Kopf raucht.

Man merkt, langsam werde ich ein Profi, was das Thema »asexuelles Spektrum« betrifft. Bin scheinbar echt gut im Recherchieren! Und deshalb wird man in diesem Buch auch keine Beschreibung eigener Masturbationen finden, so als Anmerkung, hoffe, ihr verzeiht, es gibt z. B. auch Asexuelle, die widert Sex extrem an, und dieses Buch soll für möglichst viele Leute interessant sein.

Also wird diesem Zeitvertreib kein weiteres Wort gewidmet werden.

Sorry für das kurze Durchbrechen der vierten Wand, geht schon weiter:

Anscheinend bin ich etwas, das man im Englischen als »aroace« bezeichnet. Das heißt, man ist nicht nur auf dem asexuellen Spektrum zu Hause, sondern auch auf dem aromantischen. Das kann man ganz einfach erklären: So wie es sexuelle Anziehung gibt, gibt es auch romantische Anziehung. Und wenn man wenig bis keine romantische Anziehung verspürt, dann ist man aromantisch.

Das führt dann oft dazu, dass man sich gar nicht erst in jemanden verlieben kann und so, ein interessantes Thema! Also wirklich »verliebt« war ich z. B. echt noch nie. Das würde mich normalerweise schon erschrecken, aber nach meiner Recherche nehme ich es gern hin, ist eben ein weiterer kleiner Baustein meiner Persönlichkeit. Ich habe in den vergangenen Tagen so viel gelernt, über mich und generell, das verkrafte ich schon. Ist etwas bitter, die Pille. Aber ich schlucke diese Selbsterkenntnis hinunter, wie damals die Diagnose, ich hätte irgendeine Form von schizophrener Störung.

Endlich schaue ich mal auf die Uhr, unten rechts am Bildschirm. Es ist mal wieder fast schon Mitternacht, also mache ich eine kurze Pause im Bett, mit etwas Ungesundem zu trinken und einer Zigarette von vielen. Pünktlich kurz nach Mitternacht spiele ich mein Spiel, und dann schaue ich fast noch eine ganze Folge dieser schrecklichen Sci-Fi-Serie an. Kurz bevor Dylan Hunt mal wieder das Universum gerettet hätte, schlafe ich leider ein. Als ich wieder erwache, ist es ca. neun Uhr morgens. Wenn ich meine Schlafpille genommen hätte, hätte ich sicher bis zum Mittag geschlafen. Ich habe nicht einmal einen Wecker gestellt, also gut, dass ich wach bin. Ausgeschlafen bin ich noch nicht ganz, deswegen döse ich kurz nach einer Tasse Kaffee wieder ein. Natürlich versuche ich, die Katze hereinzuholen, die ist aber wieder mal nirgends zu finden.

Der Wecker läutet, laut und nervtötend. Ich quäle mich aus dem Bett, schütte auf dem Weg zur Dusche noch kurz einen Mikrowellenkaffee in meine Kehle, putze mal meine gelben Zähne und dusche schnell, bevor ich mich viel zu spät anziehe und mich auf den Weg zum Bahnhof mache. Weit komme ich nicht, mit lautem »Miau« treffe ich Shirley und kann sie wieder zurück in die Wohnung bewegen. Jetzt wird natürlich mal wieder die Zeit knapp, ich gehe schnellen Schrittes zu meinem (wie um diese Zeit immer überfüllten) Zug, ergattere noch einen Sitzplatz, und kurze Zeit später bin ich schon im Dienst, und wieder kurze Zeit später ist es nach acht Uhr am Abend, und ich darf wieder nach Hause. Für kurzen Schlaf, denn Samstag habe ich Dienst von 6.30 bis 18 Uhr, leider.

Das ist immer noch die fairste Lösung, so arbeitet jeweils die halbe Belegschaft jeden zweiten Samstag, und so ist jeder andere Samstag frei. Ausnahmen bestätigen die Regel, im Advent würde kaum jemand einen ganzen Samstag schaffen, also wird im Dezember jeden Samstag jeweils ein halber Tag gearbeitet. So sitzen wir nun zu sechst im Pausenraum, in zehn Minuten beginnt unser langer Samstag. Wir reden nicht, rauchen jede/-r noch eine Zigarette, bevor wir pünktlich in den Lift steigen und vom Keller in das Erdgeschoß fahren. Mir kommt »Metropolis« von Fritz Lang in den Sinn, die Arbeiter fahren dort in einer Szene auch gebrochen und mit hängenden Köpfen mit einem Lift in die Arbeitsebene.

Ganz so schlimm wie im Endzeitfilm ist es bei uns dann doch nicht. Wir beraten uns kurz, wer welche Vorbereitungsarbeit machen sollte, und schon arbeiten wir wie ein Uhrwerk. Pünktlich um acht sind wir bereit für den Ansturm an Kunden, der uns jeden Samstag erwartet. Doch irgendwie bleibt der heute aus. Es ist einerseits eher Monatsende, es ist noch dazu Urlaubszeit. Ratlos geht es in die erste Pause, dann stehen wir uns wieder die Beine in den Bauch. Wo bleiben die Kunden? Es ist zum Verrücktwerden! Die Arbeitszeit zieht sich hin, wenn man nichts zu tun hat, doch irgendwann ist es auch an diesem Samstag 18 Uhr, wir schließen. Eine Kollegin bringt mich zum Bahnhof, denn ein Bus fährt um die Uhrzeit lang keiner mehr.

Nach endlos langer Wartezeit kann ich endlich in einen Zug Richtung Heimatstadt einsteigen, 45 Minuten später bin ich schon wieder zu Hause. An einem normalen Samstag wäre ich total abgekämpft und müde. Ich würde etwas zu essen bestellen, kurz dieses runterwürgen und dann sofort im Bett verschwinden. Heute habe ich echt noch Energie für mehr als das, soll es so sein, gut so.

Nach der unvermeidlichen Lieferpizza am Couchtisch mit der Glotze voll DMAX-Goldschürfern dusche ich immerhin, benutze sogar »Energy-Duschgel/Shampoo für echte Männer« – als ob das was helfen würde –, trinke einen Energydrink, und schon suche ich im Kleiderschrank nach den schwärzesten Gewändern, die ich habe. Habe da so einiges zur Auswahl, hoffentlich passt es noch. Ich habe mir ja versprochen, dass ich mal »fortgehe«, und ein anderes Lokal fällt mir nicht ein als diese eine Heavy-Metal-Bar. Ich kenne auch sonst kaum Lokale zum »Fortgehen«, war ja leider kaum irgendwo »fort«. Bis vor Kurzem habe ich fast nur entweder gearbeitet oder geschlafen. Oder sonst was gemacht, was ein typischer Stubenhocker so tut. Viele Computerspiele, viel Fernsehen und so.

Heute begebe ich mich echt raus aus meiner Komfortzone! Schon stehe ich vor dem Spiegel und mustere mich, ist das schwarz genug? Hätten Kinder Angst vor mir? Da ich beides mit Ja beantworten könnte, mache ich mich frohen Mutes auf. Ich sage kurz Ciao zur Katze, sie ist in den Kleiderschrank verschwunden, als ich mein Outfit zusammengesucht habe. Und ich versuche auch, Mutter zu erklären, dass ich heute mal »fortgehe«. Sie liegt schon im Bett, die Nachttischlampe brennt noch, und antwortet irgendwas mit »danke für die Pizza, eine Hälfte habe ich geschafft, sei nicht zu laut, wenn du wieder nach Hause kommst, ich schlafe dann schon«, oder so ähnlich, der genaue Wortlaut ist natürlich eher kryptisches Kauderwelsch, wie fast immer. Ich verlasse endlich die Wohnung.

Schon gehe ich durch den Bahnhof, habe dabei kurz Angst, mein Outfit könnte jemand stören oder erschrecken, aber niemand würdigt mich eines Blickes. Danach folgt die Kremser Gasse, an ihrem Ende der kleine Platz mit der Ohrenskulptur.
»Das kann doch kein Ohr sein, wer macht eine Skulptur von einem Ohr?«, denke ich mir und setze mich kurz auf eine Bank, werfe Google an und schaue nach, was das Teil darstellen soll. Die Antwort erschreckt mich, denn es ist wirklich ein Ohr, »das offene Ohr des Bürgermeisters«. So viel dazu, schulterzuckend erhebe ich mich wieder und gehe weiter, ein paar Hundert Meter später bin ich schon an der Promenade. Diese ist so was wie eine Ringstraße um die Innenstadt, natürlich nicht so prächtig wie z. B. die

in Wien, aber immerhin. Hier liegt das Ziel meiner Fußreise. In einem Keller ist da tatsächlich eine Bar, wo fast nur Heavy Metal gespielt wird. Als einzige Beleuchtung (außer direkt an der Bar natürlich) gibt es Kerzen. Sehr zu empfehlen das Lokal, wenn man die Musik aushält, die da aus den großen Boxen herauskriecht. Die Bar ist in der Stadt eine richtige Institution!

Ich besorge mir noch etwas Mut, indem ich vor dem Eingang noch eine rauche, schon verschwinde ich im Untergrund. An der Bar ist Platz, ich setze mich hin, bestelle irgendwas und schaue mich kurz um. Natürlich kenne ich hier niemanden, kein Wunder, ich kenne ja kaum Leute aus dem echten Leben. Ich rechne kurz nach, wie viele Leute ich aus Onlinespielen eben mehr kenne, und schon ist das Glas leer. Der Wirt legt eine Live-CD (ja, es ist eine uralte CD!) von In Extremo auf, die machen so Mittelalter-Rockmusik, egal, ich gehe kurz mal wieder raus, um nochmals eine zu rauchen.

Danach wieder rein, noch ein Getränk, einsam an der Bar. Kurze Zeit später bittet mich meine Blase, sie möge bitte entleert werden. Auf dem Weg zum WC schaue ich mir nochmals die Leute hier an. Kann ja nicht sein, dass ich hier echt niemanden kenne. Aber es ist wohl so, kurze Zeit später bin ich wieder an meinem Platz für ein drittes Getränk. Starker Alkohol, verdünnt mit Red Bull. Ich bin absolut nicht mehr an Alkohol gewöhnt, also spüre ich endlich seine Wirkung. Leicht, aber doch spürbar. Mehr wollte ich nicht, mehr mute ich mir heute auch nicht zu, also zahle ich und gehe wieder heim. Für den Anfang reichen fast zwei Stunden »Fortgehen«, oder?

Kurze Zeit später gehe ich schon kopfschüttelnd am Ohr des Bürgermeisters vorbei zum Bahnhof. Dabei denke ich an das gerade Erlebte. Ich hatte kaum Erwartungen an diesen Abend, und als er dann da gewesen ist, habe ich genau das gemacht, was ich geplant hatte. Also rausgegangen und ein paar Getränke in meine Kehle geschüttet. Alles genau wie geplant, warum bin ich jetzt unglücklicher als vor dem »Fortgehen«? Nicht wirklich viel unglücklicher, aber doch. Man könnte fast »desillusioniert« sagen, aber das wäre unpassend, denn ich hatte mir ja eigentlich keine wirklichen Illusionen gemacht.
Zwei Hauptgründe für ein freudiges »Fortgehen« treffen ja bei mir sicherlich nicht zu: Der eine ist, eine mögliche Partnerin für »irgendwas« zu finden. Ich will ja nichts Sexuelles oder Romantisches von irgendjemand. So weit, so gut. Und der zweite Grund wäre schlicht: Freunde. Ich habe keine wirklichen Freunde. Also bin ich allein unterwegs, total allein und einsam. Der Bahnhof kommt näher und näher, als ich so in mich gekehrt nachdenke, über mich und (eigentlich) echt nur mich, allein.

Kapitel 4:
Hohe Hürden zu überspringen

Vor dem Bahnhofseingang bleibe ich kurz stehen, ich beschließe, noch ein wenig herumzustreunen, nicht sofort nach Hause, nein. Es ist ja eigentlich noch früh. Ich schaue aufs Handy, es ist viertel nach elf abends. Oder ist das schon nachts? Ich lenke meine Schritte nach rechts, die Parkpromenade hinunter. Um die Uhrzeit gehe ich lieber nicht mehr direkt durch den Sparkassenpark! Also lieber links die kleine Gasse hindurch, in Richtung Fluss. Ich nehme mir vor, solange zu laufen, bis mein Kopf wieder frei ist. Na ja, laufen tue ich nicht, eher stramm marschieren. Dieses Mal gehe ich, an der Traisen angekommen, nicht nach Süden weiter zum Regierungsviertel, sondern nach Norden in Richtung der Seen.

Mir kommt Poetisches in den Sinn, ich könnte auch sagen, dass ich in den »wilden« Teil der Stadt gehe. Aber das stimmt ja so nicht. Und die mit Wasser gefüllten, ehemaligen Schottergruben als »Seen« zu bezeichnen, das käme dem Tourismusbüro recht. Ich bekomme Lust auf eine Zigarette, bleibe kurz stehen, rauche mir eine an, und ja, ich bin schon auf halbem Weg zu »den mit Wasser gefüllten, ehemaligen Schottergruben«. Okay, die größte von ihnen ist wirklich ein ansehnlicher kleiner See geworden.

Mist, jetzt klinge ich fast wie ein Reiseführer. Egal, weiter gehts, denn der Kopf dröhnt.

Erstens von der Musik in der Bar, aber hauptsächlich von meinen eigenen, düsteren Gedanken. Ich denke daran, dass ich schon fast 40 bin, offenbar krass asexuell und deshalb einsam. Ja, ich gebe der Asexualität die Schuld. Irgendjemand oder irgendetwas muss doch schuld sein. Ich halte kurz inne, denn mir fällt ein, dass ich ja eigentlich nicht an Schuld glaube. Ich glaube auch nicht an Rache oder Sünde. Aber ich glaube an gewachsene Strukturen wie das Wirtschaftssystem oder wie wir als Gesellschaft z. B. Frauen behandeln. Klar, ich lehne diese Gegebenheiten ab, will sie eigentlich verbessern, aber es sind eben gewachsene Strukturen. Und diese zu ändern, wird schwierig und eine lange Zeit dauern.

Fast an den Seen angekommen, drehe ich um und gehe nach Hause. Da bin ich doch auf andere Gedanken gekommen, wie man merkt. Ich genieße die Nacht, als ich über die Herzogenburger Straße wieder in Richtung meiner Wohnung wandere. Das war früher echt ein dreckiger, heruntergekommener Teil der Stadt. Da gab es eine Kunstfaserfabrik, die war schon recht alt, und ein Teil der Stadt ist um die Fabrik herum gewachsen. Mann, dort hat es immer wie nach faulen Eiern gestunken. Zuerst hat es geheißen, »die Fabrik muss weg, die Stadt darf nicht so stinken«, und als die Fabrik dann endlich zugesperrt hat, haben alle geweint wegen der Arbeitsplätze. Ist doch immer so, irgendjemand »sudert« immer.

Seitdem steht das riesige Areal fast leer, ein Großinvestor wollte dort Wohnungen errichten, aber dann haben sich die Grünen aufgeregt wegen »Zubetonieren« und so, was krass ist, denn was ist besser: ein ungenutztes Fabriksgelände oder Wohnungen? Jetzt sollen die Wohnhäuser nur auf der Hälfte des ehemaligen Werksgeländes entstehen, also ein typisch österreichischer Kompromiss. Wo war ich? Na ja, eigentlich schon bald zu Hause.

Aber vorher mache ich einen kurzen Abstecher, einen ganz kurzen. Meine erste eigene Wohnung war in der Herzogenburger Straße! Im Erdgeschoß war ein türkischer Laden, fast ein Supermarkt, der auch Kebab verkaufte, der »Istanbul Market«. Also habe ich immer stolz geantwortet, wenn mich jemand gefragt hat, wo ich genau wohne: »Istanbul Market, Herzogenburger Straße«. Hätte auch sagen können: »Aus meinem Fenster sehe ich die Schlote der Glanzstoff ganz nah«, war jedoch egal, jeder hat es sofort gewusst, wo er mich finden kann. Oder besser eben nicht, denn das Gebiet um die Fabrik war echt für die Unterschicht unter den armen Leuten, Asylantenwohnungen z. B. waren in den »schöneren« der Häuser. Und ich hatte meine erste Wohnung in einem nicht schönen Haus.

Und wie ich gerade sehe, hat es sich nicht wirklich verändert. Ich frage mich kurz, welche armen Schweine jetzt in den Sardinenbüchsen von Wohnungen hausen müssen, und gehe weiter über die Eybnerstraße (auch nicht gerade berühmt für ihre Schönheit), in Richtung meines Bettes. Der Tag ist schon recht lang, und ich werde langsam müder als müde. War ja sogar noch nach der Arbeit ein wenig »fort« und danach sogar noch spazieren. Am liebsten würde ich stehen bleiben und mir für die letzten Meter ein Taxi rufen! Mann, jetzt merke ich erst, wie mir schon die Füße wehtun. Ach egal, nur die Harten kommen durch! Und ich will ja fitter werden, also quäle ich mich auch die letzten Meter nach Hause. An Gedanken kann ich nicht mehr viel anbieten, der Kopf dröhnt nicht mehr von Gedanken, eher versuche ich, mich an ganz früher zu erinnern, als ich noch über dem »Istanbul Market« wohnte. Mann, ging es mir da am Ende psychisch schlecht! Verlor meinen Job und konnte mir nicht einmal mehr diese schäbigste der schäbigen Wohnungen leisten. War wirklich eine miese Zeit damals.

Ich rauche mir noch eine an, und mir fällt ein, dass ich am Dienstag nach der Arbeit endlich wieder zu meinem Psychiater darf. Das ist jemand, der mir zuhört und zu helfen versucht. Zwar auch nur, weil ihn dann die Krankenkasse dafür bezahlt, aber es ist immerhin so etwas wie ein sozialer Kontakt außerhalb des Internets und der Arbeit. Irgendwie freue ich mich schon auf diesen Arztbesuch! Aber jetzt sollte ich mich echt darauf konzentrieren, sicher nach Hause zu kommen. Und dann ohne Umschweife rein ins Bett. So ist der Plan, schon stapfe ich am Interspar vorbei, noch »eine Zigarettenlänge« bis zum Ziel der Reise, die wohl außer ein wenig Bewegung an der frischen Luft für nichts gut war. Und, dass die Geldbörse jetzt wegen drei überteuerter Getränke leerer ist und ich ein klein wenig angeheitert bin. Alter, wie geizig bin ich denn? Denke ich jetzt echt über den Inhalt meiner Geldbörse nach? Ich murmle »Idiot!«.

Kopfschüttelnd über mich selbst und seufzend nähere ich mich meinem Wohnklotz von Wohnblock. Und nach kurzer Zeit bin ich schon im Bett, der Fernseher läuft (Comedy Central), um auf andere Gedanken zu kommen. Auf dem

Sender gibt es wenigstens keine Werbung mit langweiligen, nackten Brüsten, hoffe ich. Aber was ich da mit schon zufallenden Augen sehe, ist eher mehr seicht als lustig. Nach einer kurzen Weile schalte ich dann endlich die Glotze ab, bevor noch Nickelodeon irgendwann in der Nacht den Sendeplatz übernimmt und irgendwelche Kinderserien zeigt, die ganze Nacht lang. Was auch komisch ist, denn die Zielgruppe sollte ja hoffentlich schlafen. Als ich wieder erwache, ist es »erst« neun Uhr morgens. Ich bin echt noch nicht fit. Aber ich schütte mir Kaffee in die Kehle, esse ein Stück Kuchen und verschwinde dann wieder im Bett. Die wohlschmeckendste, wohltuendste und einfach beste Zigarette ist die erste am Morgen, die genieße ich und zappe durch die Sender, die mir mein zweitliebstes Elektrogerät nach meinem PC bietet. Ich zappe ein paar Mal durch alle Sender, nix Gutes dabei!

Auf ORF Sport+ läuft die Wiederholung eines Leichtathletikevents, schaue ich doch glatt. Denn auf DMAX sind um diese Zeit Dauerwerbesendungen, für praktische Dinge wie Luftreiniger und LED-Lampen um 80 Euro. Hey, dafür gibt es, »nur heute, schnell zugreifen«, ganze zwei Stück statt nur einer. Selbst wenn ich nicht im Handel arbeiten und deswegen eh alle Tricks kennen würde (weil ja gelernt), wäre ich nie so dumm und würde auf solche Verkaufstricks reinfallen. Aber das schaue ich ja gerade nicht, jetzt ist ein Vorlauf über 100 Meter Hürden. 100 Meter, also der Damen. Schau, eine Österreicherin ist am Start! An der dritten Hürde bleibt sie hängen und überschlägt sich. Gelangweilt schalte ich um, wenn ich mich schon ärgere und langweile, dann schaue ich doch wie so oft DMAX, oh, ein Bodenwischer mit zwei rotierenden Scheiben. Der ist interessant!

Wie gebannt schaue ich die Dauerwerbesendung ganze dreimal, bevor ich mich auf die Suche nach einem »besseren« Programm begebe und erst recht nichts Besseres finde als die Wiederholung der Wiederholung eines Leichtathletikevents auf ORF Sport+. Da hole ich mir lieber noch einen abgestandenen Kaffee, mache den PC an und spiele irgendetwas, während die Sportübertragung nur zur Berieselung im Hintergrund bleibt. Und so verbringe ich fast zwei Stunden in »meinem« Spiel, schaue ab und zu rüber zum Fernseher, wenn der Kommentator irgendetwas lautstark und enthusiastisch zu kommentieren hat. In einem Tab ist die ORF-Seite offen, wegen Nachrichten lesen und so. So vergeht auch ein Vormittag an einem langweiligen Sonntag, einem Sonntag wie so oft, wie fast immer.

Morgen habe ich noch frei, das ist der Vorteil, wenn man nur Teilzeit arbeitet, mein Chef schaut, dass man auch mal ein langes Wochenende hat. Na ja, so lang ist es ja auch nicht, dafür durfte ich den ganzen Samstag ran. Aber nun mal ehrlich, heute ist mir extrem langweilig, ich suche mein Handy und rufe meine Tante an. Mit der telefoniere ich wenigstens alle paar Monate. Wir reden kurz über nichts Wichtiges, allerdings erwähnt sie, dass noch eine andere Tante und mein Onkel sie heute besuchen. Zum Kartenspielen und Kaffeetrinken. Kurz darauf habe ich mich schon selbst eingeladen, die Verwandtschaft freut es sicher, mich (wie alle paar Monate nur) auch mal wieder zu Gesicht zu bekommen.

Freudig erzähle ich das schnell Mutter, sie mault und erzählt, dass sie die eine Tante nicht leiden könne. Wünscht mir aber viel Spaß, ganz sachlich, ohne, wie sonst in letzter Zeit üblich, total wirres Zeug zu reden. Ich muss mich erst mal daran gewöhnen, dass sich ihr Geisteszustand zu bessern scheint! Habe ich wenigstens etwas Positives zu berichten, wenn ich dann später nach ein paar Stationen mit dem Zug bei ihrer Schwester bin. Nach nochmals einer Stunde Berieselung durch den Fernseher verlasse ich die Wohnung, die Katze will anscheinend nicht mit raus, und gehe frohen Mutes die paar Meter in Richtung Bahnhof. Der Zug fährt pünktlich ab.

Ganz ehrlich, es sind nur zwei Stationen mit dem Regionalzug, ich könnte die paar Verwandten, die ich noch habe, viel öfter besuchen. Oder zumindest meine einsame Tante öfter anrufen, einfach nur so. Diese Art Familie könnte mein durchlöchertes soziales Netz ein wenig flicken, unter dem ich doch oft leide. Aber ich bin echt total schlecht im »Kontakthalten«, es hat schon seinen Grund, warum ich so wenige Freunde habe. Eigentlich gar keine, wenn ich noch ehrlicher bin. Nein, Arbeitskollegen zählen nicht mit.

Nach kurzer Fahrt bin ich schon in dem kleinen Ort, in dem meine Tante wohnt. In einer betreuten Wohnung, denn eigentlich hat sie die gleiche Krankheit wie meine Mutter (und ich und mein Bruder usw.), nur eben weniger schlimm anscheinend. Kurz darauf erscheinen auch die andere Tante und der Onkel. Wir plaudern kurz über belanglose Dinge. Und dann wird wie versprochen Karten gespielt, da muss man wenigstens keinen Smalltalk betreiben. Wir spielen bis zum frühen Abend, dann gibt es noch eine kurze Jause, und wir gehen wieder unserer Wege. Die einsamste unter den Tanten freut sich, hat ein wenig »Abwechslung« (alle unsere Nachmittage laufen nach dem Schema ab) von der eigenen Einsamkeit. Pünktlich erreiche ich den Bahnhof in dem kleinen Ort und warte auf den Zug. Außer mir ist niemand an diesem winzigen Bahnhof. Nicht an einem Sonntagabend.

Leider hat dieser Zug ein wenig Verspätung! Ich rauche (illegalerweise) noch eine am Bahnsteig und mache ein kurzes Video mit dem Handy. Das stelle ich auf Instagram, schaut ja gespenstisch aus, so ein leerer Bahnhof. Mehr Wirkung hätte es, wenn es schon ordentlich dunkel wäre, aber es ist ja leider Sommer und doch erst kurz nach 19 Uhr. Ein letzter Rest Sonne nähert sich aber schon dem Horizont. Endlich kommt der Zug. Ich steige ein, und außer mir gibt es nur zwei andere Fahrgäste, die auch nichts Besseres zu tun haben, als abends an einem Sonntag durch das weite, meist leicht hügelige, zu große Niederösterreich zu fahren.

Als ich so im Zug sitze, denke ich darüber nach, wie sich die ÖBB solch leere Züge leisten kann. Nicht, dass ich nicht dankbar wäre, denn ohne die leeren Züge käme ich ja morgens nicht mal in die Arbeit. Für mich ist ein voller Zug schlimmer, so wie der, mit dem ich fahren muss, wenn ich am Nachmittag Dienst habe. Und so sitze ich und denke an Züge, während wir vier (drei Fahrgäste und der Lokführer) schon in den Hauptbahnhof meiner Heimatstadt einfahren. Ich steige aus, verlasse schnell den Bahnhof, und eine Zigarettenlänge später bin ich schon wieder in der Wohnung, wo eine hungrige Katze wartet. Hoffentlich hat auch Mutter Hunger, ich eigentlich nicht, habe ja der Tante zuliebe bei der Jause ordentlich zugelangt, hauptsächlich, um ihr eine Freude zu machen.

Heute gibt es Naturschnitzel mit Reis, eigentlich hätte ich ja geplant, schön Reis zu dünsten mit ein wenig Gemüse dazu – ist eine gute Beilage. Aber irgendwie wäre mir das heute doch zu viel Aufwand, schon ist so eine Packung Zwei-Minuten-Fertigreis aus dem Schrank geholt. Hey, immerhin ist es Basmatireis. Auch die Naturschnitzel sind schnell gemacht, und kurz nach halb neun kann ich schon servieren. Mutter freut sich, denn mein »Gemüsereis«, den ich sonst so oft mache, haue sie echt nicht vom Hocker. Gut, dass sie mir das sagt. Und besonders gut ist, dass sie überhaupt etwas Sinnvolles herausbekommt, während sie endlich mal wieder eine ganze Portion Essen auf einmal zu schaffen scheint. Solche Probleme kenne ich von der Katze nicht, die miaut schon wieder, weil ihre Schüssel leer ist. Also bekommt auch Shirley ihr zweites Abendessen, danach ziehe ich mich an meinen PC zurück und schaue ein paar Minuten lang (echt blöde) Videos auf Youtube.

Plötzlich höre ich meine Mutter wieder laut mit sich reden. Als ersten Schritt stehe ich auf und kontrolliere, ob die Tablettenbox mit Aufschrift »Sonntag« brav geleert ist. Ja, das ist sie. Also muss ich wohl oder übel schulterzuckend mal wieder diese Gespräche ertragen. Nichts Zusammenhängendes, fast jeder Satz eine eigene Story. Ich habe gelernt wegzuhören, aber heute schließe ich mal die Türe zu meinem Zimmer und werfe eine Musik-Playlist in mein Youtube. Oder wie man das nennt. Ich setze mich an den PC und stelle die Lautstärke genau so ein, dass die »Musik« (es ist nur Gothiczeug und Metal hauptsächlich, wie immer) Mutter knapp übertönt. Dann wird wieder mal ein neues Textdokument erstellt:

Die Nacht

Sie ist wie ein Mantel, der jedem steht.
Sie ist wie ein Kuss, der schnell vergeht.
Im Winter herrscht sie hart wie Stein.
Im Sommer ist sie lau und voll mit Wein.

Der Katzen Freude, kämpfen und jagen,
doch manchen Menschen hat sie schon erschlagen.
Manche machen sie zu ihrem Tag,
manch anderer sie nicht erleben mag.

Sie ist nicht nur dunkel, sondern oft schwarz,
sie kommt dich holen, wenn dus nicht erwartst.
In vielen Nächten strahlen Mond und Sterne,
in anderen wegen Wolken nicht so gerne.

Manchmal wünscht ich, dass sie nicht vergeht,
wünsch mich an den Pol, wo ein halbes Jahr keine Sonne steht.
Als Kind wurde mir manchmal Angst und Bang,
doch heute übersteh ich sie, ist ihre Zähmung mein Drang.

Ich durchwache sie oft, und sie wacht über mich,
ich verschlafe den Tag und feier die Nacht an sich.
Wer denkt schon daran, sie zu verjagen?
Niemals mehr Nacht wäre kaum zu ertragen!

»So mies ist das Gedicht gar nicht geworden!«, lobe ich mich selbst, und dann habe ich eine krasse Idee, wie ich finde. Ich könnte ein Video für Youtube machen und darin schlicht das neue Gedicht vorlesen. Ich suche mir eine Location in der (nicht großen) Wohnung, drehe schnell mit dem Handy ein Video im Kerzenschein. Auch Stanley Kubrick hat das mal gemacht für den Film »Barry Lyndon«, legendäre Szene. Wo waren wir? Ich bin schon vertieft in

DaVinci Resolve zum Schneiden des Videos, und gleichzeitig brauche ich Hintergrundmusik für das Video, also ist Youtube gerade dabei, »Horrormusik« abzuspielen, die man gratis benutzen kann. Habe da so meine Künstler, will am liebsten alles immer gratis haben, in Entenhausen wäre ich sicher nach Onkel Dagobert der zweitgeizigste. Das Video ist mittlerweile fertig und lädt hoch.

Zeit, diesen Aschenbecher auszuleeren! Oh weh, wie viel habe ich bei diesem spaßigen Zeitvertreib schon wieder geraucht? Ich seufze, während ich die Tür meines Zimmers öffne. Es ist fast still. Mutter schläft, schnarcht leise vor sich hin. Ich gähne und fahre mir dabei durch die schon wieder »zu langen« Haare. Während ich endlich den PC herunterfahre, denke ich kurz nach, wie viele Leute mein Video anschauen werden. Ist schon ein extremes Nischenprodukt, aber die Chance, dass sich Leute, die das Video aufrufen, das ganze Video anschauen, sollte groß sein, denn ein Gedicht will man schon bis zum Schluss hören, oder? Ach egal, jetzt wird es mal Zeit fürs Bett. Ich schaue noch etwas DMAX (Holzfäller, die Sümpfe roden, wo ist Greenpeace?). Langsam beginnt die hastig eingeworfene Schlaftablette, ihre Wirkung zu entfalten. Ich warte. Ungewohnt schlagartig schlafe ich ein, der Fernseher läuft noch.

AAAAAAAHHHHHHHHH!

Nach kaum zwei Stunden Schlaf erwache ich und habe Kopfschmerzen. Ich habe kaum und ganz selten mal so was, maximal leichtes Kopfweh, wie es jeder mal hat. Aber das ist neu. Fühlt sich an, als würde mein Kopf gleich platzen, echt. Ratlos werfe ich ein (abgelaufenes, ich habe ja sonst nur in den seltensten Fällen Schmerzen) Ibuprofen ein und warte, dass die Qual nachlässt. Die ist im ganzen Kopf. Aber links noch schlimmer als rechts. Krass.

Ich kann kaum denken. Was da wohl abgeht, was kann das sein? Ich bleibe im Bett liegen und hoffe auf das Ibuprofen. Es scheint zumindest etwas zu helfen! Doch so plötzlich wie der Kopfschmerz kam, spüre ich plötzlich etwas in meiner Nase. Oder eher, wie (anfangs) langsam Blut aus ihr entweicht, aus dem rechten Nasenloch. Mit dem Daumen schnell zudrücken, während ich aufspringe und in die Küche laufe. Ich halte meinen Kopf über die Spüle und verstehe die Welt nicht mehr. Nasenbluten kenne ich sonst auch nur leicht, schnell vergehend, vom Winter manchmal. DAS ist neu:

Wie ein Wasserfall. Mehr als eine Stunde lang. Dazu dieser nicht enden wollende Kopfschmerz, der wird aber lustigerweise besser, desto geringer der »Füllstand« des Lebenssaftes wird. Aber jetzt ist es vorbei. Alles vorbei. Nase rinnt nicht mehr, und das Schmerzlevel ist auf erträglich gesunken. Ich nehme noch eine Schlafpille und auch noch ein Ibuprofen. Die müssen eh weg, sind ja schon abgelaufen. Nervös, wegen dieser ungewöhnlichen Attacke auf meinen Nachtschlaf, liege ich noch lange wach, doch irgendwann …

… erwache ich, es ist später Vormittag. Ich fühle mich topfit. Kein Kopfschmerz. Nase wie immer. Trocken. Komische Sache. Ach, egal. Heute ist ein freier Tag, und wegen einer (sicherlich) einmaligen Sache wie dieser kleine Anfall, oder was das war, werde ich sicher nicht überreagieren und zu einem Arzt gehen oder so. Ich würde ja zu einem Kassenarzt gehen, und die in der Stadt sind so dermaßen überlastet und zu wenige einfach, sicher nicht. Ich würde den halben Tag warten, für fast nichts, mehr als ein paar Minuten nimmt sich doch kein Hausarzt mehr Zeit in dieser Stadt. Nicht auf Kasse.

Und während ich so über das Gesundheitssystem sinniere, rinnt der erste Kaffee des Tages meine Kehle hinunter, und der Rauch der ersten Zigarette versorgt mich mit dem nötigen Nikotin, diesen Tag zu starten. Ich habe mir vorgenommen, ihn extrem zu genießen, denn von Dienstag bis Freitag dauert dann die Arbeitswoche.

Ich starte den PC und schaue, was mein Video so macht. Es sind knapp mehr als 20 Aufrufe. Jetzt schon, das könnte dreistellig werden. Man sieht, ich bin ein winziger Youtuber ohne Fans. Wenn ich ehrlich bin, ein »großer« Youtuber will ich auch nicht sein, also einer, der davon leben kann. Das muss ein stressiges Leben sein, so in der breiten Öffentlichkeit und alles. Nö, das wünsche ich mir nicht. Ich freue mich über jeden (positiven) Kommentar, jedes Like …

Ich lasse den Browser offen und bitte nebenbei (das zu selten verwendete) Spotify, leise Musik abzuspielen, während ich »mal kurz« in mein Spiel schaue. Das ist ja jeden Tag dasselbe, seit Jahren, und heute langweilt es mich eher. Ich klicke lustlos herum, mache, was zu machen ist, und öffne in einem Tab Google. Es ist Sommer, und der sogenannte Pride Month ist erst kürzlich vorbeigegangen. »Ach, hätte ich mein Coming-out nur ein paar Monate früher gehabt«, denke ich mir, als ich den Namen meiner Stadt google. Habe das Wort »Pride« angehängt und suche …

… hey! Es scheint eine Art queeren Stammtisch zu geben, der muss neu sein. Ja, ist relativ neu. Aber er hat eine Whatsapp-Gruppe, in die man direkt einsteigen kann. Ohne Umschweife, einfach einsteigen. Also mache ich das schnell. Ich grüße kurz mit Servus und teile mit, dass ich auf dem LGBTQIA+Spektrum ein »A« bin. Nach kurzer Zeit meldet sich jemand, grüßt mich und freut sich anscheinend, »einen Vertreter des A« in der Gruppe zu haben.

Andere müssen echt fragen, wofür das A steht, ich erkläre kurz, werde aber relativ nett begrüßt. In vielen queeren Gruppen sind Asexuelle ja noch immer nicht willkommen, sind für manche nur »verkorkste Heteros«, was schade ist. Zumindest hat meine bisherige Recherche auch diese Seite der LGBT-Szene gezeigt. Diese spezielle Gruppe scheint in diesem Punkt relativ fortschrittlich zu sein, ich werde sofort eingeladen, diesen Freitag ihren Stammtisch zu besuchen. Der findet im Alten Löwenhof statt, jeden letzten Freitag im Monat. Ich freue mich, denn Freitag habe ich Frühdienst, kann also hingehen, und Gehen ist das richtige Wort, denn der Löw:innenhof* – wie sie ihn frech nennen – ist echt in Gehreichweite. Vieles ist in Gehreichweite, wenn man nahe dem Zentrum wohnt. Cool, wie es ausschaut, »gehe ich wieder mal fort«.

Auch wenn ich dort wohl der Einzige auf dem »Aspec*« sein werde, immerhin sind es Leute, mit denen man reden kann (hoffentlich), man hat ja etwas gemeinsam, auch wenn es nur die »Zugehörigkeit« zur queeren Szene ist. Nicht, dass ich schon mal Berührungspunkte mit dieser Szene hatte, bin ja noch ein Newbie und quasi ein Küken, gerade frisch geschlüpft. Ach, das sollte ich ja nicht schreiben, das überlasse ich den Transgenders: »My egg cracked« heißt, sich einzugestehen, trans zu sein. Was total okay ist.

Gut, dass ich schon dermaßen viel recherchiert habe, über Asexualität, Aromantik und nebenbei auch über die LGBTQIA-Kultur, komme fast schon als wandelndes Lexikon daher. Zeit, dies im realen Leben anzuwenden, also freue ich mich echt schon auf Freitag. Aber vorher heißt es, vier halbe Tage zu arbeiten.
»Toll, dass sich, ohne Dienste zu tauschen oder meinen Chef zu nerven, alles ausgeht, der Herr Doktor und am Freitag dieser Stammtisch«, murmle ich mir leise zu. Ich habe keine anderen Termine oder so, kann mich auf Arbeit und »Leben« konzentrieren! Es hat also auch Vorteile, wenn man sein Dasein als einsamer Stubenhocker verbringt, ohne Beziehung, ohne Kinder und (vielleicht eben deshalb) ohne großen Stress. Manchmal wünsche ich mir, ich hätte etwas mehr zu tun. Ich zucke mit den Schultern und hole mir noch einen Kaffee. Mit dem ziehe ich mich ins Bett zurück und widme einige Stunden meiner Zeit dem ganzen Social-Media-Zeug.

Facebook, Instagram und leider noch ein paar mehr, wie kann man da trotzdem noch einsam sein, ich verstehe es nicht. Vielleicht liegt es daran, dass diese Art von Bekanntschaften so unendlich oberflächlich ist. Und dass eigentlich nur geschaut wird, was andere so tun und posten, es aber außer ein paar »Daumen nach oben« keine Interaktion gibt. Okay, ein paar Kommentare manchmal, aber die sind echt eine Ausnahme! Und auf »direkteren Kommunikationsmitteln« wie Whatsapp ist auch relativ wenig los.

Nehmen wir z. B. unsere »Arbeitsgruppe« her, da fotografiert eine Person immer den Dienstplan für die nächste Woche, ein oder zwei Leute schreiben Danke oder so, und das wars. Zugegeben, manchmal sind ein paar allgemeine Arbeitsanweisungen zu lesen, aber sonst sind es nur Fotos von Dienstplänen und ein oder zwei Danke. Eine sehr übersichtliche Art der Kommunikation.

Jetzt habe ich es verschrien: Eine Kollegin ist momentan im Urlaub und postet gerade ein paar Urlaubsfotos rein, ist so was denn überhaupt gestattet in unserer Gruppe? Ernst gemeinte Frage! Anscheinend schon, denn schon kommen Antworten wie »ohhh, so schön« und so. Ich mache da gar nicht mit, gehe lieber in mein Spiel und widme mich müde diesem Zeitvertreib, während wie so oft DMAX zur Berieselung läuft. 80 Minuten später lege ich kurz mein Handy weg und schaue auf die Uhr: 17 Uhr ist es mittlerweile.

Mir fällt plötzlich ein, dass ich dringend einkaufen gehen muss. Denn ich habe morgen den Arzttermin am Abend, dann zwei Tage Spätdienst, und am Freitag will ich diesen queeren Stammtisch besuchen. Also wenn ich nicht (was ein Novum wäre) an einem Tag, wo ich Spätdienst habe, früher aufstehen will (als zu Mittag), dann sollte ich echt für den Zeitraum bis inkl. Freitag genug Essen – und anderes Zeug – zu Hause haben. Also ran an diese Aufgabe, ich schreibe auf einen Schmierzettel eine Art Essensplan auf, was wir bis inkl. Freitag so essen könnten, Mutter und ich. Für Freitag werde ich ihr ein Fertiggericht kaufen, sie schafft es gerade so, die Mikrowelle zu bedienen, gut. An den restlichen Tagen gibt es auch nichts Aufregendes, ich kann nicht groß aufkochen, wenn ich erst um 22 Uhr zu Hause bin. Und zum »Vorkochen« stehe ich nicht auf.

Also gibt es heute wenigstens etwas »Gutes« zu essen: Reisfleisch. Das schmeckt gut, ist selbst gekocht, und ich werde schon ein Stück günstiges Fleisch finden beim Interspar. Schon bin ich in der Küche und schaue, was sonst noch fehlt, eine lange Einkaufsliste wird erstellt, und kurz vor sechs Uhr abends bin ich mal wieder auf dem Weg.
Ich erschrecke nicht, als ich hinter mir höre:
»Dich sieht man aber echt oft, gehst mal wieder einkaufen?«, ruft mir meine ehemalige Arbeitskollegin von der anderen Straßenseite zu, ihr Hündchen wie ein Drachen an ihrer Leine, zähnefletschend und knurrend in meine Richtung. Ich rufe zurück, dass das auch mal sein muss, und wir gehen wieder unserer Wege, in entgegengesetzter Richtung. Sie wird vom winzigen Hündchen in Richtung Bahnhof gezerrt, ich bin schon fast beim Interspar meines Vertrauens angekommen.

Ich bin guter Stimmung, denn wenn ich diese Woche am Samstag arbeiten müsste, dann müsste ich heute schon fürs Wochenende alles einkaufen! So kann ich wenigstens am freien Samstag meinen Trolly vollstopfen. Schon komisch, wie man praktisch an der Quelle sitzen kann, sich aber dann trotzdem oft so einen Stress machen muss. Ich bin ja selbst schuld, wenn ich an Tagen mit Spätdienst auch in der Früh aufstehen würde, dann könnte ich öfter einkaufen gehen. Mittlerweile habe ich meinen Trolly gut versteckt und betrete mit großem leeren Einkaufswagen das Shoppingparadies. Den Trolly nehme ich nicht mit rein ins Geschäft, den lasse ich draußen stehen. Es ist immer ein Wagnis, einmal wurde er schon geklaut, jedes Mal ein Bangen und Zittern!

Mit dem Schmierzettel in der Hand husche ich durch die Gänge, erledige wie immer routiniert meinen Einkauf. Manche Leute haben sogar noch mehr Talent als ich dafür, die machen sich eine Einkaufsliste, die so strategisch perfekt ist, dass sie ein Regal nach dem anderen abarbeiten können, dann ab zur Kassa und fertig. Und die vergessen dann auch nichts. So gut bin ich nicht, ich muss echt einige Male auf und ab laufen, mein Einkaufszettel ist eher chaotisch. Aber hey, immerhin vergesse ich auch nichts Wichtiges, noch dazu halte ich den Plan gut ein und stopfe den Einkaufswagen nicht mit unnützem Kram voll. Dinge, die man im Leben nicht brauchen wird. Zeug, das man theoretisch auch gleich nach dem Einkaufen in den Mülleimer werfen könnte, anstatt es zu Hause zu lagern, bis es abläuft. Ihr merkt schon, ich bin kein Fan vom klassischen Konsumverhalten, so wie es bei »uns« vorherrscht.

An der Kassa ist heute ein wenig Wartezeit, es wird wieder knapp mit der Trafik! Aber als ich dann den Interspar verlasse, hat die zum Glück noch auf, und ich kann auch gleich Zigaretten kaufen. Noch ein möglicher Stress, der diese Woche verhindert werden kann. Ich fülle meinen Trolly voll bis zum Anschlag, ein Teil des Einkaufs findet natürlich keinen Platz und muss in ein Sackerl. Aber nicht viel, die leichten Dinge halt. Auf diese Weise voll beladen mache ich mich wieder auf den Heimweg. Gleich neben dem Interspar, in dem winzigen und hässlichen Park, setze ich mich auf eine Bank und trinke einen S-Budget-Energydrink und rauche gemütlich eine.

Ich schnappe mir mein Handy und schaue auf Social Media, ob irgendetwas Wichtiges (oder Dringendes) passiert ist, außer ein paar zusätzlichen Views, mein Gedichtsvideo betreffend, ist natürlich nichts passiert. Es ist fast so, als würde in keinem Sommer irgendetwas passieren. Das sogenannte Sommerloch gibt es anscheinend wirklich jedes Jahr, wie Weihnachten oder Ostern, könnte man glatt als Feiertage einführen. Nein, besser nicht, dann würde wahrscheinlich noch weniger passieren, und die Zeitungen wären noch dünner um diese Jahreszeit. Ich mache mich endgültig auf den Heimweg. Kurz danach bin ich auch wieder in der Wohnung angekommen, präsentiere der im Bett liegenden Mutter stolz die Highlights meines Einkaufs. Dinge, die ihr eine Freude machen sollen oder die echt billig waren, weil in Aktion oder so. Das übliche Ritual eben. Danach wird natürlich selbst ein wenig im Bett gerastet, während DMAX läuft, und ein paar geraucht, bis ich nun endlich zu Kochen beginne. Reisfleisch ist nicht viel Arbeit, und schon liege ich wieder im Bett, rauche erneut eine nach der anderen und warte, bis die Instantsuppe, mit der das Reisfleisch aufgegossen wurde, verdunstet ist. Einziger Unterschied zu vorher: Ich habe umgeschaltet auf Comedy Central, es läuft Modern Family.

Nach schier endloser Wartezeit ist die Flüssigkeit in Dampf übergegangen und beim Fenster raus, es kann also gleich gegessen werden. Ihr sei ihre Portion zu groß, sagt Mutter wie immer. Wie immer antworte ich ihr, dass sie ja nicht alles auf einmal essen müsse. Ich selbst habe mir auch eine so dermaßen große Portion auf den Teller geladen, das würde nicht mal ein Pferd schaffen. Nicht, dass ein Pferd Freude an Reisfleisch hätte, ach egal. Der restliche

Abend wird mit der Katze im Bett verbracht, ich döse ein so gegen zehn, erwache kurz danach zum Glück wieder. Ich muss meinen Wecker noch stellen, auf kurz vor halb fünf. Wenn es nicht echt Routine wäre, wäre ich angepisst. Aber den Job habe ich schon so lange, es stört mich nicht mehr, mitten in der Nacht aufstehen zu müssen.

Ich stelle einen kleinen Rest Reisfleisch von vorher kurz in die Mikrowelle und verputze es im nur von der Nachttischlampe erhellten, fast finsteren Raum. Der leere Teller bleibt stehen. Ich falle satt und gelöst wieder ins Bett zurück, nehme endlich eine halbe Schlafpille, und kurze Zeit danach bin ich auch schon eingeschlafen, knapp vor Mitternacht ist es. Die Katze scheint heute bei meiner Mutter schlafen zu wollen, die ist ja ein freies Tier und darf machen, was sie will. Ihr ahnt sicher schon, was jetzt folgt:

Es ist 3.48 Uhr, in etwas mehr als einer halben Stunde würde der Wecker läuten. Mein Kopf. Es tut so weh, als würde er gleich explodieren. Ich werde fast ohnmächtig von der Qual und verzweifle. Ein abgelaufenes Ibuprofen später warte ich darauf, dass der Schmerz nachlässt, und als er mir den Gefallen tut, ergreife ich endlich die Initiative und google, was das denn sein kann. Schnell, mit dem Handy. Gehirntumor. Stress (sehr hilfreich jetzt). Wasserader unter dem Bett? Verzweifelt werfe ich noch ein zweites Schmerzmittelchen ein. Der Wecker läutet. Was soll ich bloß tun? Erst mal den Wecker ausmachen und gleich auf dem Handy sowie dem Tablet den Wecker ausstellen! »Denn der Lärm würde meinen Schmerz noch verstärken«, denke ich. Als letzten Strohhalm der Selbsthilfe, als einzige Möglichkeit, die ich jetzt in dem Moment habe, öffne ich eine Schublade, die ich lange nicht geöffnet habe. Darin liegt: der alte Blutdruckmesser meines Opas. Ich finde in einer anderen Schublade, eine, die ich öfter öffne, weil da meine Medikamente drin sind, zwei AA-Batterien und füttere den Blutdruckmesser mit Strom. Ich lege die Manschette an und messe.

204 zu 143. Ich weiß, ab »200« sollte man sofort in die Notaufnahme. Eigentlich ist mir das jetzt egal. Denn ich glaube, den Grund für diese elendigen Kopfschmerzen gefunden zu haben! Mittlerweile wird es schon wieder knapp mit dem Zug. Ich ziehe mich an und fahre in die Arbeit. Denn ehrlich gesagt, so schlimm wie vergangene Nacht war dieser »Anfall« nicht, immerhin hat meine Nase nicht zu bluten begonnen wie die Niagarafälle. Als ich dann endlich in der Arbeit angekommen bin, die Kopfschmerzen sind fast vergangen, erzähle ich im Pausenraum, dass ich heute noch nicht mal einen Kaffee gehabt hätte. Weil ich Angst hätte, dass dann etwas passiere, eben wegen der Schmerzen im Schädel, und dass ich glauben würde, der Blutdruck sei schuld. Die zwei Arbeitskolleginnen erschrecken und fragen mich, »ob ich wo angerannt bin«, zu Recht.

Mein Chef ist auch besorgt, schickt mich aber nicht nach Hause, nachdem ich ihm verspreche, in der Pause gleich meinen Hausarzt zu informieren. Der hat natürlich Urlaub. Zum Glück für mich gibt es in der Stadt (relativ neu) ein »PVZ«, also ein Primärversorgungszentrum, um dem Ärztemangel in der Stadt entgegenzuwirken. Wir hatten z. B. die vergangenen Jahre keinen richtigen Kinderarzt (auf Kasse) und auch sonst viel zu wenige Ärzte für eine mittelgroße Stadt. Natürlich gehen die Leute gern ins PVZ, da kommt man schnell dran, muss nicht lange warten und wird versorgt. Bei vielen Ärzten in der Stadt muss man teils in Kauf nehmen, dass die Schlange bis auf die Straße reicht (das Stiegenhaus hinunter und dann weiter), alles schon erlebt.

Wenn mein Hausarzt (bei dem ich eigentlich noch kaum war, aber meine Mutter und ich bekommen die Rezepte für unsere Schizophreniemedikamente ganz einfach über ihn) nicht in Urlaub wäre – was er relativ häufig ist –, müsste ich auch bei dem nicht lange warten. Der ist in einem Vorort, außerhalb der Stadt. Lustigerweise ist sein Warteraum immer relativ leer, man kommt schnell dran. Dafür soll er wohl der unfreundlichste Arzt der Stadt sein, alles egal, Hauptsache, nicht den ganzen Tag warten für zwei Minuten Diagnose, die dann meistens nicht mal richtig ist.

Man merkt, ich muss mich irgendwie ablenken. Ich bin es nicht gewohnt, an mich zu denken. An meine eigene Gesundheit, bin selbst ganz selten mal krank. Es ist eine neue Erfahrung, mal eine andere Krankheit als die geistige, die mich lange gequält hat, seit ein paar Jahren aber kaum mehr spürbar ist. Ich bin ein klarer Anhänger von Neuroleptika geworden, natürlich wollte ich als junger Mann auch keine nehmen. Aber wenn man negative Beispiele, was die blöde Schizophrenie aus einem machen kann, in der Familie hat (Bruder, Tante und Mutter), dann sucht man sich gern – über die Jahre – mühevoll ein passendes Medikament.

Man nimmt ebenso in Kauf, dass im Beipackzettel »massive Gewichtszunahme« als Nebenwirkung steht, da habe ich anfangs auch darunter gelitten, plötzlich viel massiger zu sein, so um den Bauch herum. Irgendwann war es mir dann relativ egal, ich habe mein Spiegelbild akzeptiert. Und ganz ehrlich, ich muss ja niemandem gefallen, muss nicht sexy sein. Können Männer überhaupt sexy sein? Diese Gedanken lenken von Blutdruck und Nasenbluten ab, die Kopfschmerzen sind kaum noch vorhanden, weil ich (wohl aus Selbstschutz) mal wieder den »Bienenkorb« in meinem Kopf aktiviert habe und mich mit irgendwelchen Hirngespinsten ablenke, anstatt in Panik zu verfallen. Auf dieses »Talent« bin ich echt stolz.

Kapitel 5: Das Leben ist ein langer Weg

Der Ärger meiner Kollegen verfliegt, als sie sehen, dass ich meinen Dienst »ganz normal« abspule. Abspulen kann, mich konzentrieren und eigentlich gut drauf bin. Ja, es war eher Ärger als Besorgnis, denn ich könnte ja auf die abstruse Idee kommen, mich krankschreiben zu lassen. Dafür bin ich echt nicht der Typ, das sollten sie in den Jahren schon gemerkt haben. Solange ich nicht wirklich krank bin, gehe ich nicht in Krankenstand. Wenn man ein paar lang andauernde Krankenstände wegen der nervtötenden Schizophrenie ausnimmt, wegen Verkühlung oder Grippe bin ich seit über 20 Jahren nicht mehr zu Hause geblieben. Und stolz darauf!

Und seit ich diesen Job habe, war ich gerade mal einen Tag unentschuldigt zu Hause. Habe mich beim Dienstplananschauen in der Woche geirrt und irrtümlich einen Tag zu lange Urlaub gemacht. Und die damalige Chefin hat mich nicht sofort angerufen, sondern erst zu Mittag, als die Schicht schon fast vorbei war. Ich habe mich damals so dermaßen geschämt, wieder einmal etwas, was mir nur einmal passiert ist. Seitdem schaue ich immer ganz genau, wann der Urlaub wirklich vorbei ist. Dutzende

Male gefühlt, dass so etwas nicht noch einmal passieren kann, so etwas Blödes.

Egal, heute ist ja praktisch ein Feiertag! Da muss man einfach gut drauf sein, endlich wieder zum Psychiater. Endlich zeigen die Displays unserer Fleisch- und Wurstwaagen 13.30 Uhr an, Schichtwechsel. Pünktlich erscheinen drei frische Arbeitskräfte, um die drei müden und abgekämpften abzulösen. Auch wenn es ein Dienstag ist – eigentlich war wenig los während unserer Schicht –, müde sind wir trotzdem. Arbeit ist Arbeit, macht immer müde, heute allerdings etwas müder als an anderen Tagen. Es fehlt mittlerweile nämlich echt lebenswichtiges Koffein, also riskiere ich noch schnell einen Automatenkaffee unten im Pausenraum, bevor ich mich auf den (hoffentlich ungestörten) Heimweg mache.

Beim Rausgehen aus meinem »Arbeit-Interspar« kaufe ich noch schnell eine kleine Jause, und schon warte ich, diese verschlingend, auf den Bus. Der kommt relativ pünktlich und bringt mich zum Bahnhof, wo ein langer Zug wartet. Einmal am Tag wird mit modernem, langem Zug auf meiner Strecke gefahren. Sonst sind es meist sogenannte Kurzzüge, also nur ein Triebwagen oder zwei. Die sind dann oft heillos überfüllt zu Stoßzeiten. Und die ÖBB kann nicht einfach einen Waggon anhängen, nein, das hat angeblich ein Landesbediensteter verbockt, der hat die falschen Züge bestellt!

Nach etwas mehr als einer halben Stunde sehe ich endlich wieder einen Interspar, einen in meiner Heimatstadt. Auch bei dem habe ich kurz mal gearbeitet, über eine Leihfirma. Er ist im größten Shoppingcenter der Stadt.

Dort komme ich normalerweise auch nie hin, ich versuche, Einkäufe »in der Stadt« zu erledigen, also in eher kleinen Märkten nahe dem Zentrum, wo ich zu Fuß hingehen kann. Der »Traisenpark« ist in einem weit entfernten Stadtteil, also zu Fuß, mit einem Auto ist man sicher auch schnell dort. Damals waren die Öffis auch noch nicht so ausgebaut, war schwer nach einem Spätdienst wieder nach Hause zu kommen, eben ohne Auto.

Der Zug nähert sich endlich dem Hauptbahnhof: Der Campus der FH, die Arbeiterkammer und mein »Einkauf-Interspar« fliegen vorbei. Der Zug hält wie immer auf 7A, also nicht dort, wo die Rolltreppen, der Lift und die Geschäfte sind. Sondern nahe der klassischen Treppen und einem schmalen Durchgang. Der ist relativ praktisch, denn wenn ich den nehme, dann sehe ich meinen Wohnklotz von Wohnblock genau vor mir. Blöderweise ist da kein Weg, kein Eingang zu meiner Wohnhausanlage, ich muss nach links, und über eine kleine Nebengasse gibt es dann die einzige Möglichkeit, durch eine schmale Durchfahrt. Wie das bautechnisch möglich und erlaubt sein kann, man nehme mal an, es würde irgendwo bei uns brennen. Die Feuerwehrautos kommen doch da nie durch, da passt kaum ein Möbeltransporter durch, selbst das ist schon knapp bemessen.

Mittlerweile bin ich fast zu Hause, ich bin schon auf dem kleinen Weg, der zwischen den Wohnblöcken verläuft, auch hier würde kein Feuerwehrauto durchpassen, fällt mir plötzlich auf. Rundherum sind Häuser, von nirgendwo kommt man leicht in meine Wohnanlage! In der Wohnung angekommen, rechne ich kurz durch und komme zu dem Ergebnis, dass ich etwas mehr als eine Stunde ein

Nickerchen machen kann, um dann pünktlich zum Arzt zu kommen. Also dem Psychiater, ins PVZ will ich erst morgen fahren, soll so um zehn Uhr dort sein. Sorry, dass ich diese Wichtigkeit an Detail noch nicht verraten habe, bin momentan »erfolgreich abgelenkt« und sollte wohl dann später, beim Psychiater, nicht so gedankenverloren sein!

Ich will ja einen guten Eindruck machen, gesund wirken im Kopf. Nicht, dass er wieder die Medikation verändert, das ist immer ein Wagnis, ging ja auch schon öfter ganz gehörig schief. Momentan bin ich glücklich, so wie es ist. Habe ich das gerade wirklich gedacht? Glücklich. Bisher (also normalerweise) war ich ja meist maximal … wie heißt das Wort, wenn einem alles egal ist, auch sich selbst? Ich komme nicht drauf und lege mich wie geplant (angezogen) ins Bett, stelle meinen Handywecker so, dass es sich gut ausgeht mit dem Fußmarsch zum Psychiater. Ja, ich werde zu Fuß hingehen, auch wenn der am anderen Ende der Innenstadt ist.

Das Handy weckt mich pünktlich mit lauten Dschungelgeräuschen. Ich springe topfit aus dem Bett. Ja, ich fühle mich wirklich total gut. Dann muss ich nach der vernachlässigten Mutter schauen, die murmelt mir irgendetwas zu, ich verstehe es nicht, aber es scheint ihr gut zu gehen. Auch die Katze scheint noch zu leben, sie schläft auf der Couch, oder was von der noch übrig ist. Das Kunstleder ist überall schön zerkratzt und hängt nur noch in Fetzen runter. Ich fülle schnell ein wenig gutes Trockenfutter in Shirleys Schüssel.

Die ist leicht erhöht, sitzt auf einem Sockel, wie es momentan modern ist, ergonomisch an Katzen angepasst. Und sie hat auch die Form eines Katzenkopfes, hat liebe Öhrchen. Ich habe sie für zwei Euro oder so auf wish.com gekauft, kam natürlich zerbrochen an und musste mit Uhu geklebt werden. Macht nix, ist ja eh für die Katze. Schnell noch einen letzten Rest Mikrowellenkaffee trinken, eine neue Kanne der Kaffeemaschine zur Arbeit übergeben, und mit einer erst halb gerauchten Zigarette verlasse ich pünktlich die Wohnung. Es sind dicke Wolken, und ich glaube, es wird bald mal ordentlich regnen.

Ich habe keinen Schirm mit, bin ja nicht aus Zucker. Und so weit ist es nicht zum Arzt, 20 bis 25 Minuten Gehzeit brauche ich normalerweise. Und diesen Weg gehe ich schon immer zu Fuß, auch als ich noch nicht versucht habe, durch bloßes Spazierengehen ein wenig fitter zu werden. »Denn von mir zum Psychiater fährt kein praktischer Bus«, denke ich. Wartet mal, die Linie 8 würde gleich um die Ecke halten, mit der könnte ich fahren! Komisch, ich bin echt noch nie auf die Idee gekommen nachzuschauen, wie ich ohne Fußmarsch zu diesem Arzt komme. Verwundert über mich selbst bin ich schon unter der Bahn durch, vorbei an der Bezirkshauptmannschaft und zwänge mich praktisch durch die uralten Gassen, gerade breit genug, um vor Hunderten von Jahren mit einem Karren (oder so) durchzupassen.

Als die ersten (vorhergesagten) Tropfen fallen, bin ich schon in der Gasse, wo sich in einem großen, wunderschönen alten Prachtbau die Praxis des Psychiaters befindet. Ich rauche noch aus (war trotz Vorfreude etwas nervös und habe kettengeraucht auf dem Weg) und verschaffe mir Zutritt, indem ich läute. Automatisch öffnet sich die Tür, wenn man bei diesem Top läutet. Praktisch.

Und mit einem umgebauten Lichtschalter am Ende des »Eingangssaales« öffnet sich wie durch Zauberhand eine weitere Tür, und man ist im Stiegenhaus. Irgendwann wurde (relativ behelfsmäßig) ein Lift eingebaut, und auch wenn die Praxis im ersten Stock ist, zu fit will ich auch nicht werden und zwänge mich somit in den ziemlich engen Lift.

Oben angekommen, stecke ich kurz meinen Kopf um die Ecke des Wartezimmers. Nur eine junge Frau (die echt fertig aussieht) wartet. Ich melde meine Ankunft der einfühlsamen Arzthelferin. Sie sagt mir, heute habe ich Glück, ich bin schon der Übernächste. Ich lächle sie an und nicke, gehe rüber in das Wartezimmer, sage Grüß Gott zu der jungen Frau, die zusammengesunken und mit hängendem Kopf einfach nur dasitzt und den Boden anstarrt. Mein Handy hole ich raus, wie immer. Und schaue in »mein« Spiel, habe mir ein paar Abenteuer für die Wartezeit beim Arzt aufgehoben. Nach etwa 20 Minuten bin ich irgendwie fertig für heute mit dem Spiel. Gibt nix mehr zu tun, also stecke ich mein Handy ein und will gerade beim unlustigen Spiel der jungen Dame mitmachen, den Boden anstarren, als es in der stillen Praxis plötzlich etwas lauter wird, ich höre die Stimme meines Arztes und noch eine mir fremde.

Der Patient macht einen neuen Termin aus und verlässt relativ normal aussehend die Praxis. Kurze Zeit später wird die stille Dame aufgerufen, sie seufzt, steht auf und darf zum Arzt. Ich übernehme ihren Posten und schaue mit hängendem Kopf den Boden an, dabei bin ich heute gar nicht fertig oder traurig oder so. Das halte ich ein paar Minuten durch, schon habe ich wieder das Handy in der

Hand und bin tief in meine Social-Media-Kanäle versunken, als etwa eine halbe Stunde später wieder die ruhige Stimme des Doktors zu hören ist und (fast flüsternd) auch die der jungen Frau. Sie macht ebenfalls einen neuen Termin aus und geht (etwas weniger fertig aussehend, vielleicht ist es auch nur Wunschdenken meinerseits) am Wartezimmer vorbei, ohne sich von mir zu verabschieden.

Kurze Zeit später ruft mich endlich der Herr Doktor auf. Wie immer führt er mich ins Behandlungszimmer (heißt das bei einem Psychiater auch so?) und platziert mich auf einen Stuhl, ihm gegenüber. Er hat auch eine Liege, die ist an der Wand, aber die habe ich noch nie gebraucht. Dann fragt er mich wie immer, wie es denn so läuft. Ich antworte, dass es mir gut geht, nur der Blutdruck scheint Probleme zu machen, und dass ich versuche, etwas aktiver zu werden, und neuerdings endlich etwas Bewegung mache, manchmal sogar ein paar Meter jogge. Und dann mache ich den blöden Scherz, vielleicht nehme ich ja auch mal ein paar Kilo ab.

Das hätte ich nicht machen sollen, der Arzt wird ein wenig säuerlich und stellt klipp und klar da:
»Bei den Medikamenten, die Sie nehmen, können Sie zehn Stunden am Tag trainieren, Sie werden mit denen nichts abnehmen!« Aber der Blutdruck macht ihm Sorgen, also ändert er mal wieder meine Medikation. Er verschreibt mir ein Medikament, von dem ich weiß, dass z. B. mein Bruder 20 Kilo verloren hat, weil es eines der wenigen Neuroleptika ist, die einen nicht mit der Zeit aussehen lassen wie ein Walross oder in meinem Fall einen (etwas schmächtigen, weniger muskulösen) Bud Spencer.

Dafür ist, habe ich bei meinem letzten stationären Aufenthalt im sogenannten Landesklinikum Mauer erfahren, die Wirkung des eben, gelinde gesagt, schon etwas mau. Der Herr Primar sprach ihm sogar irgendwelche neuroleptische Wirkung ab! Und das Zeug soll ich nehmen? Ich bin wie immer sehr skeptisch, das teile ich dem Herrn Psychiater mit. Und ich teile ihm mit, dass mein Bruder das Zeug als Depotspritze einmal im Monat bekommt und bei einem der letzten Male total durchgedreht ist, ein paar Tage auf meinem Sofa geschlafen hat, es ihm total dreckig ging. Im Kopf, der hat Stimmen gehört und alles.
»Also ich glaube, das spezielle Medikament ist für Sie genau richtig.« Ich gebe nach, vielleicht hilft es ja wie das jahrelang gewohnte Mittel, und abnehmen klingt immer gut, so dringend finde ich es ja nicht, aber okay, versuchen wir mal wieder etwas Neues und hoffen, es passiert nichts Böses.

Ich mache einen neuen Termin aus, der ist natürlich nicht erst in drei Monaten oder so, sondern schon im nächsten Monat (Medikamentenumstellung), und ich verlasse weniger gut gelaunt, mit einem etwas mulmigen Gefühl die Praxis. Mittlerweile sind zwei neue Patienten angekommen und starren traurig auf den Boden. Ich bin ein netter Mensch und verabschiede mich mit einem »Wiederschauen« im Vorbeigehen. Wenn ich mich beeile, dann kann ich dieses neue Medikament noch schnell in meiner Lieblingsapotheke abholen, von meinem alten Medikament soll ich in der Übergangsphase noch eine Woche lang die halbe Dosis nehmen, während ich langsam mit dem neuen Medikament starte.

Ich rauche nur eine einzige Zigarette auf dem Weg zur Apotheke, die ich noch kurz vor Ladenschluss erreiche. Wir haben ja so einige Apotheken in der Stadt. Aber die meisten haben nur alltäglichen Kram lagernd. In dieser einen Apotheke bekommt man echt alles, sogar seltene Neuroleptika. Wieder etwas besser gelaunt betrete ich schwungvoll die Apotheke und will mir eine kleine Packung meines alten Medikaments holen (noch immer zu viel, aber ich kann den Rest ja aufheben, werde ich vielleicht noch brauchen) und eine Familiengröße vom »neuen« Medikament. Die Apothekerin erschrickt mal wieder, als sie das Rezept liest, und ändert ihre Mimik.

Noch eben hat sie mich freundlich gegrüßt und hat sich wahrscheinlich gefragt, was dieser gesund aussehende Typ wohl für eine Kleinigkeit braucht. Konnte ja nicht wissen, dass es »Solian« und »Aripiprazol« sind, plötzlich redet sie ganz anders mit mir. Ruhig, aber bestimmt, etwas lauter, erklärt sie mir, dass ich das morgens nehmen muss. Etwas »dazu essen« muss ich nicht. Sie schreibt groß 1–0–0 auf beide Packungen, wünscht mir noch viel Glück und ist sichtlich froh und erleichtert, als ich die Apotheke verlasse. Wie hätte sie wohl reagiert, wenn ich meine »Schlafpillen« – die in hohen Dosen chefarztpflichtig sind – auch noch gebraucht hätte heute? Noch extremer? Hätte sie mal wieder wie mit einem Kleinkind mit mir geredet? Mich das fragend, gehe ich nicht sofort nach Hause.

Ich gehe ein paar Meter die Kremser Gasse zurück und biege nach rechts ab, heute habe ich mal wieder ein Sandwich verdient! Eh nur ein kleines, muss ja noch für Mutter und mich irgendetwas kochen. Ich hatte etwas Tolles, Gutes auf meinem Essensplan für diese Woche stehen, aber heute werde ich nur irgendeine Dose vom Inzersdorfer aufmachen. Schön wäre es, könnte ich für uns einfach zwei 30-cm-Subs (keine Längenangabe, 30-cm-Sub ist ein Eigenname, ja nie nachmessen) mitnehmen, aber ich glaube, dass meine Mutter die nicht mögen würde, wäre ja mal was ganz Neues.

Gedankenverloren bestelle ich doch routiniert ein kleines Sandwich, plaudere sogar noch kurz mit dem Sandwich Artist, und kurze Zeit später gehe ich mal wieder durch die Menschenmenge, die sich um diese Uhrzeit im Bahnhof aufhält. Nicht nur aufhält, sondern wartet, zum Zug läuft, sich über die Verspätungen ärgert, das übliche Chaos eben. Am anderen Ende des Bahnhofs ist das Sandwich gegessen, und als Dessert wird eine Zigarette angezündet. Ab nach Hause, ich brauche dringend eine Ablenkung und frage mich, was gerade auf DMAX läuft. Zu Hause angekommen, will die Katze raus, die Mutter hat den ganzen Kaffee getrunken und bittet mich, neuen zu machen. Das ist super, denn sie äußert halbwegs klar einen konkreten Wunsch! Hat sich wohl vorbereitet auf mein Heimkommen und mit aller Kraft auf einen zusammenhängenden Satz konzentriert, den dann auch so, wie sie es wollte, formulieren können.

Der Wunsch wird erfüllt und eine frische Kanne Kaffee auf den Weg gebracht. Davon träumend, dass Mutter selbst mal eine solche Kanne Heißgetränk zubereiten können würde, irgendwann vielleicht, versinke ich im Bett. Muss sofort wieder aufhüpfen, denn die Fernbedienungen für den Fernsehgenuss liegen auf dem Couchtisch. Unten in der Ablage dieses Tischchens liegt das alte Blutdruckmessgerät. So alt ist es eigentlich nicht, der Opa ist erst vor ein paar Jahren gestorben, und es wurde kurz vor seinem Ableben gekauft. Ach, ich riskiere es einfach und messe kurz mal meinen Blutdruck. Das dauert nur ein paar Sekunden, und er zeigt mir 163 zu 127 an. Was hoch ist, aber nicht so extrem wie letztens.

Während ich endlich wieder im Bett versinke, denke ich an den wichtigen Termin morgen. Um zehn Uhr im PVZ, wann muss ich da aufstehen, und wie komme ich dahin? Zum Glück gibt es mein Handy, und während auf DMAX Werbung läuft, habe ich wieder mal alle wichtigen Informationen gesammelt. Es befindet sich im Niemandsland zwischen zwei Stadtteilen. Meine Stadt hat eine mittelgroße Anzahl Einwohner, hat aber von der reinen Fläche her schon eher die Größe einer kleinen Großstadt. Es wurde eben viel eingemeindet, um auf eine stattliche Größe zu kommen. Natürlich sind da jetzt auch Dörfer (Vorort wäre ein zu »großes« Wort) dabei, die sind durch Äcker und Wälder von der Kernstadt getrennt.

Und das PVZ ist nicht mal in so einem Vordorf, einem kleinen sinnlosen Beiwerk, denn allein die Kernstadt wäre (wenn man es genau nimmt) eine sogenannte Mittelstadt. Man merkt, ich bin leicht angepisst, warum ist dieses Ärztezentrum mitten im Nirgendwo, aber jetzt kommt das Beste: Ich schaue in die App der ÖBB, wie ich dort hinkomme, und das PVZ hat praktisch seine eigene Bushaltestelle, die Linien 2 und 8 halten genau vor der Tür.

Das baut mich wieder auf, denn wie es aussieht, reicht es, wenn ich kurz nach neun aufstehe, und wenn ich schnell drankomme, dann komme ich nicht mal zu spät in die

Arbeit. Ist blöd, denn der Bus kommt, wenn er pünktlich sein sollte, 9.57 Uhr an, und um zehn soll ich dort sein. Ich könnte eine halbe Stunde früher fahren, aber dann könnte ich noch eine halbe Stunde weniger schlafen. Und ich stehe ja nur in extremen Ausnahmefällen in der Früh auf, wenn ich Spätdienst habe. Ich seufze und zünde mir eine Zigarette an, während im Fernseher die Krabbenfischer der Beringsee mal wieder eine Korbreihe einholen, bei Wind in Sturmstärke und Minusgraden. Ich schaue kurz nach, ob es eine neue Folge ist, nein, es ist eine aus Staffel 11. Ich google und sehe, dass es mittlerweile 19 Staffeln sind: leerer Korb ins Wasser, warten, (hoffentlich) krabbengefüllter Korb wieder rauf. Und das seit fast 20 Jahren, die Welt ist verrückt!

Irgendwann quäle ich mich auf, es ist schon halb zehn Uhr am späten Abend und öffne wie versprochen eine Dose Bohnensuppe vom Inzersdorfer. Dazu backe ich drei Semmeln der Marke S-Budget im Ofen fertig. Wenn man die vor dem Backen kurz anfeuchtet, werden auch die schön »resch« (um einen Ausdruck meiner Oma zu verwenden) und schmecken weit besser, als man es glauben könnte. Mutter scheint damit zufrieden zu sein, sie hatte wohl schon echt Hunger. Auch Shirley miaut vom Parkplatz unterhalb des Küchenfensters und wird versorgt. Ein paar Minuten nach zehn steht wieder einmal eine leere Schüssel mehr auf meinem Couchtisch, ein leerer Teller steht auf dem Couchtisch der Mutter, die Katze hat nur eine Hälfte ihrer Schüssel geschafft. Ich setze mich an meinen PC.

Um Mitternacht sollte ich schlafen gehen, das nehme ich mir fix vor. Aber noch habe ich Zeit totzuschlagen, also tue ich dies und das Social-Media-Zeug und Youtube, und während ein Video über eine westafrikanische Sprache (von der ich noch nie gehört habe) von einer lettischen Youtuberin präsentiert wird, rauche ich eine und realisiere langsam, dass ich, sollte das für mich neue Medikament richtig wirken, doch glatt mal ein paar Kilo verlieren könnte! Dabei habe ich dieses Ziel schon lange nicht mehr verfolgt, hatte ja, wie es mir eingetrichtert wurde vom Herrn Doktor, nicht wirklich einen Sinn, es überhaupt zu versuchen. Hoffentlich ist mein Gehirn auch brav und die miese Potenz des Mittels reicht ihm! Und hoffentlich kommt es nicht zu Komplikationen wie beim Bruder.

Ich öffne ein leeres Textdokument, tippe mal einfach vor mich hin:

Ein Licht

Ein Licht erstrahlt am Horizont,
füllt meine Seele an mit Möglichkeit.
Ist das Licht die ferne Zukunft,
die still, einsam wartet in der Zeit?

Oder ist es eine Liebe, die mir blüht,
die am Ende eines langen Weges liegt.
Die erst wachsen muss wie eine Blume,
um die man kämpfen muss und siegt.

Das Licht erfüllt mein Herz mit Wärme,
wie ich sie lang nicht mehr gespürt.
Es gibt mir Hoffnung und auch Träume,
kann sein, dass es mein Schicksal schürt.

Was bist du Licht, was willst du hier?
Mir fällt nichts ein, das dich beschreibt.

Du hältst mich streng in deinem Schein,
hast meine Gedanken dir einverleibt.

Was willst du mir sagen oder zeigen,
ich komm nicht drauf, bist du das Glück?
Ich rate blind herum, ohne Antwort,
wünsche mich in die Dunkelheit zurück.

Was soll ein Licht, das Hoffnung spendet,
wenn man nicht weiß, was es denn will?!
Ich will nicht denken, schick es fort.
Ein Schein, der trügt und ist auch still,

um den mag ich mich nicht kümmern!
Geh weg, du Licht, mach mich nicht an.
Ich brauch dich nicht, entschwinde nun.
Ziehe jemand anderen in deinen Bann!

Ich lese das Gedicht noch einmal durch und komme zum Schluss, dass wenn man die Gedanken einfach mal fließen lässt, anscheinend schon sehr komische Dinge aus einem heraussprudeln. Es ist bald so weit, die Zeiger meiner Wanduhr (es ist ein Kätzchen auf ihr zu sehen, das sich als Spiegelbild selbst als Tiger sieht) nähern sich Mitternacht, ich fahre den PC runter, nehme eine halbe Schlaftablette und lege mich endlich hin. Die Katze gesellt sich zu mir, und wir brauchen nicht lange, dann sind wir schon eingeschlafen. Zu ungewohnter Zeit weckt mich mein Handy auf.

Schon ziehe ich mich an, schütte zwei Tassen Kaffee in meine Kehle und bin ich auf dem Weg zum Bahnhof. An dessen Südseite halten fast alle Stadtbusse. Wenn ich mich nicht irre, 12 der 13 Linien. Die Linie 2 kommt in vier

Minuten, da geht sich fast noch eine ganze Zigarette aus! Der Bus kommt leider zwei Minuten zu früh, ich dämpfe schnell eine halbe Zigarette aus, kann sie später noch weiter rauchen. Ich steige in den Bus, und nach einer Viertelstunde bin ich schon mitten im Nirgendwo. Ich bin mal wieder durch Teile der Stadt gekommen, die ich echt noch nie gesehen habe, ich scheine aber nicht wirklich etwas verpasst zu haben, ich seufze laut.

Als ich aus dem Bus steige, regnet es schon wieder leicht. Ich lasse den Bus weiterfahren und muss nur über die Straße und einen kleinen Parkplatz gehen. Derweilen rauche ich die halbe Zigarette von vorhin und betrete dann das schöne, neue Primärversorgungszentrum. Es ist 10.02 Uhr, ich bin also (wie so oft) sehr pünktlich. Ich melde mich an, und schon nach ein paar Minuten im Wartebereich werde ich aufgerufen, eine Arzthelferin führt mich in ein helles, relativ leeres Behandlungszimmer und misst mal das, weshalb ich hier bin: meinen Blutdruck. Der ist 182 zu 143! Sie ist sichtlich besorgt ob des Messergebnisses, eine auch anwesende Kollegin flüstert ihr (für mich klar hörbar) zu:
»Da müssen wir gleich ein EKG machen … «

Ich muss mich auf eine Liege legen und werde an das Gerät angeschlossen. Kurze Zeit später erfahre ich, ob das Herz, meine alte Pumpe, ordentlich arbeitet. Irgendwie ist mir echt mulmig zumute, aber die Arzthelferin beruhigt mich: Das Herz scheint total in Ordnung zu sein, wegen des Blutdrucks wird gleich ein Arzt mit mir sprechen. Sie verlässt das Behandlungszimmer, die Kollegin ist schon vor ein paar Minuten gegangen, gibt wohl dringendere Fälle als mich. Ich liege erst auf der Liege, dann setze ich mich auf einen Stuhl. Der Arzt lässt auf sich warten, es muss schon eine Viertelstunde sein. Um mich abzulenken, spiele ich mit dem Handy, weitere lange Minuten vergehen viel zu langsam, als nach einer Dreiviertelstunde endlich ein Herr Doktor erscheint. Ich bin nicht böse, er müsse sich gar nicht für die Wartezeit entschuldigen, versichere ich ihm, besorgt, aber freundlich. Er verschreibt mir schnell ein Blutdruckmittel, ich frage, ob das Wechselwirkungen mit meinen Neuroleptika auslösen könnte, er erschrickt und denkt nach.

Er denkt etwa eine Minute nach und muss in seinem PC nachschauen, und »nein, das sollte keine Probleme machen«, traut er sich zu versichern. Es wird wohl nicht oft vorkommen, dass man diese Kombination an Medikamenten nehmen muss, zu hundert Prozent kann er mich aber ehrlich gesagt nicht überzeugen. Ich habe ja schon einige schlechte Erfahrungen mit Medikamenten gemacht. Und ich habe leider lernen müssen, dass nicht gegen jede Krankheit ein Kraut gewachsen ist und dass Nebenwirkungen echt arg sein können. Ich rede nicht vom Übergewicht, ich rede von extremen Schlafproblemen, Unruhe, ja extremer Unruhe, Panikattacken und dem Gefühl, komplett betäubt und hilflos zu sein.

Nur so als Beispiele, mittlerweile hat sich der Arzt verabschiedet, ich habe das PVZ verlassen und warte auf den Bus, der mich wieder zum Bahnhof zurückbringt. Lange muss ich nicht warten, mir ist leicht schwindelig beim Einsteigen in den Bus. Das ist wohl (und hoffentlich) echt nur der hohe Blutdruck, am Ziel der kurzen Reise kann ich endlich etwas dagegen tun. In meiner Lieblingsapotheke, ein paar Meter vom Bahnhof weg, hole ich mir das

Blutdruckmittel und spüle eine kleine Tablette mithilfe einer in einem Geschäft im Bahnhof gekauften Cola hinunter. In der Hoffnung, dass das Zeug auch brav wirken wird, muss ich nur noch etwa 20 Minuten warten, dann darf ich (etwas abgekämpft, aber nicht zu müde) endlich mal wieder in die Arbeit fahren. Ich esse noch ein Extrawurstsemmerl.
Heute ist der Zug in die Arbeit gar nicht mal überfüllt, es bleiben ausnahmsweise sogar ein paar Sitzplätze frei. Der Rest des Arbeitstages kommt mir wie eine Ewigkeit vor! Ich will unbedingt endlich wieder nach Hause, vielleicht wirkt ja das Blutdruckmittel schon. Das erfahre ich erst, wenn ich den Blutdruckmesser anwerfe, endlich bringt mich eine Kollegin schnell zum Bahnhof, sodass ich eine Stunde früher zu Hause bin als sonst. Endlich kann ich den blöden Blutdruck messen: 159 zu 124. Ich finde das fast schade, denn ich soll morgens immer eine Tablette nehmen und darf noch eine zweite nehmen, sollte während des Tages der erste Wert des Druckes über 160 sein. Zumindest hat der Arzt im PVZ das gesagt. Ich runde auf und werfe noch eine der winzigen Tabletten ein.

Dann google ich, was die genau macht. Erweitert die Arterien, der Druck sinkt. Entlastet das Herz, dieses wird leistungsfähiger. Aha, gut zu wissen. Das verstehe ich noch, die Wirkungsweise meiner Neuroleptika kapiere ich hingegen gar nicht. Da wird durch Hemmung irgendeines Hormons eine Feedbackschleife im Stoffwechsel des Gehirns erzeugt, und das macht dann irgendwas. Wie gesagt, das ist mir echt zu hoch. Etwas erleichtert mache ich die Schinkenfleckerl (mit Zwiebel und Ei), die eigentlich für gestern geplant gewesen wären, und erledige brav meine häuslichen Pflichten.

Also Mutter und Katze versorgen, mein Spiel endlich fertig spielen, dann werfe ich mal wieder den uralten (und nicht mal guten) Fußballmanager an, den ich manchmal spiele und der einen irgendwie echt fesseln kann. Es ist nach Mitternacht, also schon Donnerstag, als ich meine Schlafpille einwerfe (eine ganze!), und während gerade die Werbung mit den unnötig vielen nackten Brüsten auf DMAX läuft, fällt mir plötzlich ein: Morgen ist dieser queere Stammtisch. Erst freue ich mich, dann werde ich nervös. Auf was für Menschen werde ich dort treffen? Natürlich kenne ich ein paar homosexuelle Leute, aber LGBTQIA+ hat auch andere Buchstaben. Außer einen stadtbekannten Crossdresser habe ich noch nie eine Person gesehen, die trans ist. Nicht im echten Leben.

Meine Gedanken kreisen noch etwas herum, endlich schlafe ich ein, mit der Katze auf meinem Bauch träume ich davon, mich (mal wieder) in irgendeiner Stadt zu verirren, die »meine, aber doch nicht meine« ist. Vielleicht werde ich irgendwann einen Traumdeuter fragen, was es damit auf sich hat. Ich erwache so gegen zehn. Kein Kaffee da, den habe ich gestern vergessen. Meine Mutter teilt mir energisch mit, dass ich endlich Kaffee machen solle, sie hätte gern einen. Ich spüle meine Neuroleptika und eine Blutdrucktablette mit dem frischen Kaffee runter, warte 20 Minuten und messe einen nur noch leicht erhöhten Blutdruck! Cool, das Zeug wirkt schnell. Bei mir entfalten neue Medikamente komischerweise immer schnell ihre Wirkung! Auch das neue Neuroleptikum scheine ich zu spüren.

Ich bin etwas unruhig, etwas nervös, aber irgendwie »wacher« als bisher. Als wäre ich die vergangenen Jahre leicht betäubt gewesen, mit weniger von meinem alten und dem neuen Medikament fühle ich eine komische Art neue Energie in mir! Hoffentlich gibt sich das mit der nervösen Unruhe in ein paar Tagen, ich hoffe, spätestens wenn ich mein altes Medikament komplett abgesetzt habe. Und hoffentlich gibt es nicht wieder Komplikationen, wenn erst einmal ein ausreichender »Spiegel« vorhanden ist. Einmal habe ich ein Mittel über eine gewisse Zeit genommen, damit fühlte ich mich jeden Tag schlechter, zum Schluss habe ich schon geglaubt, ich verrecke gleich: schlecht!

Diese miese Zeit liegt zum Glück jetzt Jahre zurück, so etwas will ich nicht noch mal erleben müssen! Ich spiele ausnahmsweise mein Spiel nicht später im Zug, sondern als vormittäglichen Zeitvertreib jetzt. Dann, später im Zug, habe ich vor, Musik zu hören, das tue ich viel zu selten, dabei liebe ich »meine« Musik, am besten irgendwas mit elektronischem Gothiczeug. Gesagt, getan, endlich kann ich mich von Mutter und der Katze verabschieden, zum Zug gehen und in die Arbeit fahren. Meinen Kolleginnen sage ich, dass es mir anscheinend ganz gut geht, die paar anwesenden Kolleginnen (alle sind Frauen) sind sichtlich erleichtert. Der Arbeitstag zieht sich etwas, aber er geht schon vorbei. Spät, aber doch bin ich wieder zu Hause, mache schnell noch Palatschinken mit Marmelade und Fruchtcocktail dazu. Mutter sagt mir, auf das habe sie sich schon gefreut! Das freut mich, erstens, weil sie fast normal mit mir ein paar Worte wechselt, zweitens, weil sie drei ganze Palatschinken schafft. Bald bin ich schlafbereit, bereit für die üblichen vier Stunden.

Ich war ja erst um 22 Uhr zu Hause und muss wieder um etwa 4.30 Uhr aufstehen, ach sorry, darüber habe ich mich schon irgendwo in diesem Text beschwert! Nach einer Runde Comedy Central fallen mir zum Glück die Augen zu, als das Handy mich weckt, läuft der Fernseher noch, soll er. Ich rauche, schaue das verfrühte Kinderprogramm an, hole mir Kaffee und spüle die (momentan noch) drei Tabletten mit wieder nur lauwarmem Heißgetränk runter. Dann warte ich ein paar Minuten, schon etwas im Stress, nehme das Blutdruckmessgerät zur Hand, und es zeigt mir nur noch leicht erhöhten Blutdruck an. Auch sonst fühle ich mich (fast) topfit. Ich lasse endlich mal die Katze raus und gehe zum Bahnhof. Der Zug fährt auf 6D ab, heute sehe und höre ich ihn schon von Weitem.

Mir fällt auf, dass man um diese noch nachtschlafende Zeit echt nur diesen einen Zug hört, er fährt mit Diesel und läuft schon warm oder so. Warum habe ich das nicht schon früher mal bemerkt, dass man hört, ob er »vorne« oder »hinten« im Bahnhof steht? Ja, warum merke ich das erst heute? Kann das an dem neuen Medikament liegen, fühle ich mich nicht nur aufmerksamer, sondern bin es auch wirklich? Mich das fragend, nachdenklich, lausche ich auf dem Weg in die Arbeit Musik und spiele nebenbei mein Spiel, auch etwas, das mir bisher nicht eingefallen wäre, komisch. Beides gleichzeitig, auch in der Arbeit später: Ich bin wirklich extrem »wach« im Kopf, meine Arbeit fällt mir gleich leichter, und als es 13.30 Uhr ist, wundere ich mich, wie »leiwand« meine Arbeit an einem stressigen Freitag sein kann! Gegen 15 Uhr bin ich, als ich wieder zu Hause bin, viel fitter als sonst. Schon müde, aber nicht so arg wie bisher sonst immer!

Natürlich mache ich trotzdem ein Nickerchen, stelle den Wecker auf 17 Uhr. Um 18 Uhr beginnt der Stammtisch, ich will pünktlich sein. Um 16.57 Uhr erwache ich noch fitter als vor dem Nickerchen, stelle den Wecker aus und rasiere mich, dusche, will heute möglichst einen guten Eindruck machen. Normalerweise rasiere ich mich nur an Sonntagen. Die Mutter wird kurz daran erinnert, dass sie sich heute abend selbst mal ein Fertiggericht warm machen müsse. Die Katze ist auch endlich von ihren Streifzügen zurück, die kann sich ihr Fertigfutter allerdings nicht selbst nehmen. Endlich ist es 20 vor sechs, und ich mache mich auf den Weg zu diesem Stammtisch, dem queeren. Das ist alles irgendwie neu für mich, und ich bin schon etwas aufgeregt und so, ich flüstere mir zu, dass alles schon gut gehen werde, als ich hastig durch die Innenstadt marschiere, ist nicht weit.

Ich betrete rauchend (und extrem aufgeregt und nervös) pünktlich den Alten Löwenhof (über das alte Schild wurde temporär als »Kunstinstallation« das schöne Wort »Löw:innenhof*« geschraubt), im ersten Innenhof stehen ein paar Leute. Ich gehe an ihnen vorbei, durch einen kleinen Durchgang in den zweiten Hof. Hier ist niemand, ich gehe zurück. Diese normal aussehenden Leute können doch nicht der queere Stammtisch sein? Ich nähere mich, eine junge Person, ich lese sie als männlich, steht da und raucht neben der Tür. Als ich näherkomme, sehe ich lackierte Fingernägel und links und rechts an den Ohren hängend (unterschiedlichen) Ohrschmuck, wie ihn sonst nur Frauen tragen. Total fertig vor Nervosität frage ich, ob ich hier richtig sei. Genervt antwortet die Person, dass wenn ich den queeren Stammtisch suchen würde, dann ja.

Eine etwas weniger feminine (von mir als männlich gelesene) Person, etwas »fester«, aber lange nicht so dick wie ich, stürzt praktisch heraus und begrüßt mich viel freundlicher. Ich darf hinein, die Nervosität in mir wird langsam weniger und weniger. Wir beginnen zu plaudern und zu trinken, die meisten trinken Bier. Ich trinke kein Bier! Es erscheinen mit der Zeit etwa ein Dutzend Leute, alle irgendwie queer. Wir reden über die unterschiedlichsten Dinge, die schwulen Jungs reden anscheinend gern über Sex. Das muss ich wohl ertragen, wenn ich mit ihnen abhängen will. Manche wirken schon etwas betrunken, als kurz vor neun das Highlight des Abends erscheint: Wer ist denn das? Was für einen Mut hat er/sie?

Die Person, die ist anders! Untenrum eine Hose wie ein Mann, Schuhe wie ein Mann. Obenrum eine Damenbluse. Lange Haare, das Gesicht leicht mit Make-up bedeckt, die Lippen allerdings ohne Lippenstift, wie es scheint. Sie stellt sich vor und sagt, sie sei nicht binär. Also die Person, ich wollte nicht ausdrücken, dass die Person weiblich ist. Mann, ist das schwer! Wir plaudern, scheint ein besonders lieber Mensch zu sein, wow. Ich rede ganz normal mit einer Enby-Person, der ersten, die ich je getroffen habe! Und ich plaudere mit lesbischen Frauen, schwulen Männern, schon den ganzen Abend lang. Wir plaudern, als ob ich endlich irgendwo dazugehören würde, das nicht Arbeit oder Familie ist. Ein toller Abend, er verfliegt leider allzu schnell. Plötzlich dreht sich der Organisator des Stammtisches zu mir und fragt mich beiläufig:

»Weißt du eh, dass es in Wien einen Stammtisch für Asexuelle gibt? Nicht, dass wir dich loswerden wollen, aber weißt du das eh?«

Ich verneine, mit der bloßen Möglichkeit der Existenz von so was habe ich nicht gerechnet! Da müsse ich gleich nachforschen, sobald ich wieder zu Hause sei, verspreche ich ihm. Der Stammtisch endet dann bald, wir gehen unserer Wege. Und mein Weg führt zu einem klaren Ziel: Ich muss einfach schnell nach Hause und diese Gruppe für asexuelle Personen googeln, vielleicht finde ich ja etwas. Ja, ich finde eine uralte Facebook-Seite, jahrelang nicht mehr gepflegt. Aber da ist eine E-Mail-Adresse, ich schreibe gleich eine Anfrage und warte auf Antwort. Es ist fast Mitternacht, Mist. Heute wird das nichts mehr. Mutter schläft schon, hat ihr Fertiggericht brav warm gemacht in der Mikrowelle und fast ganz aufgegessen, wie ich freudig bemerkt habe. Die Katze schläft in meinem Bett, ich geselle mich zu ihr, nehme wieder mal eine Schlafpille, liege trotzdem noch lange wach. Irgendwann schlafe ich ein. Als ich erwache, ist es 13.30 Uhr.

Ich schnappe sofort mein Handy und sehe: Meine E-Mail wurde beantwortet! Und ich werde auf einen »Discord-Server« eingeladen. Was ist ein »Discord-Server«? Aha, ein Social Media für Gamer, sagt Google. Und anscheinend Asexuelle, mir soll es recht sein! Schon habe ich einen Nickname erstellt und warte, bis ein Moderator oder so mich auf den Server lässt. Ich hole mir schnell einen Kaffee, spüle meine Medikamente runter (ich fühle mich gut) und messe kurz den Blutdruck, der ist hoch, aber er bessert sich langsam. Blödes Warten auf Einlass zu den Wiener Aces! Ich will mir die Zeit vertreiben, und mir fällt nichts anderes ein, als wieder einmal ein neues Textdokument zu (er)öffnen und beginne den Text mit:

Stadt

Über den Autor und Epilog

Erwin Rossmann wurde 1982 in Regensburg geboren, lebt aber seit etwa seinem vierten Lebensjahr in St. Pölten. Er hat den Beruf des Einzelhandelskaufmanns erlernt und arbeitet momentan noch immer im Lebensmittelhandel, um seine Rechnungen zu bezahlen.

Diese Novelle ist sein erster in Druckform veröffentlichter Text!

Seine einzig nennenswerte Ausbildung (wenn man das überhaupt so nennen kann), was kreatives Schreiben angeht, umfasst lediglich ein paar Workshops (z. B. im Landestheater St. Pölten, unter der Leitung von Nestroy-Preisträger Moritz Franz Beichl, oder online, ein Workshop von dem in der asexuellen Szene als »Ace-Dad« bekannten Cody Daigle-Orians), aber Erwin hat immer gern in Schriftform seine Gedanken ausgedrückt, er ist sogar mal von der Schule geflogen, weil seine damaligen Texte zu »wahr und zugegebenermaßen oft extrem beleidigend« gewesen seien, wie er sagt.

An diesem Buch hat er mehrere Jahre gearbeitet, mittlerweile ist der queere Stammtisch in St. Pölten zu einem Verein gewachsen, der unter anderem sogar eine eigene

Regenbogenparade abhält, die mittlerweile eine vierstellige Anzahl Besucher anlockt. Erwin ist in diesem Verein für die Schriftführung zuständig, wie kann es auch anders sein. Diese Tätigkeit macht ihm »extremst geil Freude«.

Auch der asexuelle Stammtisch in Wien verwandelt sich langsam in einen Verein. Die Aspec*-Community in ganz Österreich wächst, sie wächst weltweit! Immer mehr Menschen erkennen, dass sie asexuell und/oder aromantisch sind. Die Begriffe werden immer bekannter, nur wenn man die Begriffe kennt, kann man sich damit identifizieren. Deshalb sind Bücher wie dieses wichtig, es gibt viel zu wenige Bücher von Aces/über das Aspec* in deutscher Sprache!

Erwins Facebook:
https://www.facebook.com/erwin.rossmann.3

Erwins Instagram:
https://www.instagram.com/sleeping82

Erwins Youtubekanal:
https://www.youtube.com/@sleeping82